CHAMBRE DE COMMERCE D'ALGER

(Séance du 6 Juillet 1925)

RÉVISION DOUANIÈRE

TARIFICATION

(FRANCE ET ALGÉRIE)

RAPPORT

DE LA COMMISSION DE LÉGISLATION ET DES DOUANES

ALGER
ANCIENNE MAISON BASTIDE-JOURDAN
JULES CARBONEL
IMPRIMEUR-LIBRAIRE-ÉDITEUR

1925

MEMBRES DE LA CHAMBRE DE COMMERCE D'ALGER

(1925)

M. Louis BILLIARD, O. ✱, ✿, ❁, Ⓜ, ✠, *Président.*
MM. Jérôme TARTING ✱, ✿, ✠ ; Eugène WAROT, *Vice-Présidents.*
M. Emile DELBAYS, ✱, ✿, O. ●, *Secrétaire-Trésorier.*

MEMBRES :

MM. Prosper DURAND, ✿, Ⓜ. — Félix ROBERT. I. ✿. — Jules LAURENT, ✿. — Jules DAURCES. — Jacques DUROUX, ✠. — François POULALION, ✠, ©, ❁. — Brahim MOUHOUB, ✱. — Edouard TINÉ. — Omar BOUDERBA, ✱, ✿. — Edouard MULSANT. — Emile LEPAGE, O. ✱, Ⓜ, ✠ — Henri TROUILLER, Ⓜ. — Joseph ROBERT, ✱, O. ❁. — Mustapha TAMZALI

Secrétaire général : André GILLET, ✠, ✿

MEMBRES CORRESPONDANTS :

MM. Lucien CLÉMENT, ✱, I ✿, ❁, Ⓜ, O ✱, ✠, et David BLANC, à Alger. — Charles PINTO, à Blida. — François GARNIER, ❁, et Honoré GARNIER, à Tizi-Ouzou. — Pierre REICH, ✱, ✿, ❁, à Médéa. — Louis CLEMENT, I. ✿, à Orléansville. — Achille COULET, à Boghari. — Denis FERRERO, ❁, à Bou-Saâda.

Correspondant au Maroc .

M. Marc de MAZIÈRES, ✿, ❁, à Casablanca.

TABLEAU DES COMMISSIONS DE LA CHAMBRE DE COMMERCE D'ALGER

1re Commission. — *Port, Extension du Port et Travaux de Construction.* — MM. Tarting, Durand, Laurent, Mulsant, Félix Robert.

2e Commission. — *Outillage et Exploitation du port.* — MM. Tarting, Warot, Delbays, Bouderba, Daurces, Poulalion, Félix Robert, Mustapha Tamzali, Trouiller.

3e Commission. — *Chemins de fer, Transports terrestres, maritimes et aériens.* — MM. Tarting, Daurces, Duroux. Lepage. Brahim Mouhoub, Poulalion. Joseph Robert, Tiné, Trouiller.

4e Commission. — *Comptabilité, Finances.* — MM. Delbays, Lepage, Tiné, Félix Robert.

5e Commission. — *Législation commerciale, industrielle et ouvrière ; Questions économiques ; Exportations ; Douanes.* — MM. Warot, Daurces, Duroux, Lepage, Poulalion, Joseph Robert, Tiné.

6e Commission. — *Enseignement commercial, Cours professionnels.* — MM. Tarting, Bouderba, Laurent, Félix Robert, Tiné.

7e Commission. — *Musée Commercial, Expositions et Foires.* — MM. Warot, Lepage, Brahim Mouhoub, Poulalion, Mustapha Tamzali.

8e Commission. — *Comité d'admission des courtiers maritimes.* — MM. Daurces, Durand, Trouiller

CHAMBRE DE COMMERCE D'ALGER

SÉANCE DU 6 JUILLET 1925

Présidence de M. Louis BILLIARD, *président*

RÉVISION DOUANIÈRE

TARIFICATION

(FRANCE ET ALGÉRIE)

RAPPORT

DE LA COMMISSION DE LÉGISLATION ET DES DOUANES

Messieurs,

Par circulaire du 5 juin dernier (Direction des Affaires commerciales et industrielles), adressée aux Chambres de Commerce de France et d'Algérie, M. le Ministre du Commerce et de l'Industrie rappelle que son Département a pris, le 25 mars 1923, l'avis de ces Assemblées sur diverses questions touchant au problème de la revision douanière :

a) nomenclature douanière ;
b) assiette des droits de douane ;
c) conditions de paiement des droits de douane ;
d) régime spécial des industries nécessaires à la vie nationale ;
e) mesures relatives au « dumping ».

Ce travail étant terminé, M. le Ministre estime qu'il convient à présent d'inscrire en face des nouvelles rubriques du tarif des douanes les droits qui devront asssurer désormais la protection de nos industries et, en vue de permettre à son Département de procéder à l'établissement du tableau de ces droits, il invite notre Compagnie à lui faire parvenir, le plus tôt possible, les propositions qu'elle croira devoir présenter en ce qui touche la protection douanière à prévoir dans le nouveau tarif à l'égard des produits ou industries qui sont plus spécialement de notre ressort.

***

Par délibération du 6 juin 1923, la Chambre de Commerce d'Alger a répondu à chacune des questions posées, en faisant connaître son point de vue :

a) *Nomenclature douanière :*

1° Faire disparaître du tableau des droits les énumérations qui ne sont pas limitatives, spécialement celles qui se terminent par « etc », et *bien spécifier que toutes les énumérations sont limitatives ;*

2° Terminer chaque chapitre par un article « autres » ou « non dénommés » afin d'éviter des contestations de classement, comme cela existe déjà pour certaines matières.

b) *Assiette des droits de douane :*

Régime de la taxation spécifique pour l'ensemble du tarif douanier, la taxation *ad valorem* ne devant être qu'exceptionnelle et s'appliquer à des cas particuliers.

c) *Conditions de paiement des droits de douane :*

Paiement des droits de douane en francs or.

d) *Régime spécial des industries nécessaires à la vie nationale :*

Ce genre d'industries n'existe pas dans sa circonscription.

e) *Mesures relatives au « dumping » :*

L'article 3 de la loi du 29 mars 1910 arme suffisamment le Gouvernement pour lui permettre d'appliquer immédiatement, le cas échéant, les mesures de rétorsion jugées nécessaires.

Il y a lieu de rappeler, en outre, qu'étendant le cercle de l'étude que lui avait demandée M. le Ministre du Commerce et de l'Industrie, notre Compagnie avait, dès 1923, formulé ses propositions au point de vue tarifaire.

***

TARIFICATION

Comme il est indiqué ci-dessus, la Chambre de Commerce d'Alger s'est prononcée, en 1923, pour la perception des droits en francs-or, avec suppression des coefficients de majoration.

Elle n'ignore pas les objections qui ont été faites, depuis lors, à ce mode de paiement, tant au sein des Commissions des Douanes du Sénat et de la Chambre des Députés que de divers groupements économiques ; elle estime néanmoins n'avoir rien à modifier ni à retrancher des arguments qu'elle a fait valoir en faveur de la tarification en francs-or, d'autant plus que M. le Ministre des Finances vient d'introduire la valeur or dans l'emprunt de consolidation dont il a fait connaître les modalités. Ces arguments sont les suivants :

1° *au point de vue général :*

a) En calculant les droits de douane directement d'après la valeur or, on fera disparaître une des causes principales de la variation du pourcentage des droits de douane par rapport à la valeur de la marchandise ;

b) La nécessité, pour les pays à change déprécié, de payer en or les droits de douane sera de nature à compenser dans une certaine mesure la prime à l'exportation résultant de la dépréciation du change ; d'ailleurs, ce genre de perception est déjà adopté par nombre de pays étrangers ;

c) Par ce moyen, la protection accordée aux produits français cessera de devenir insuffisante en cas de baisse du franc ;

d) Les pays étrangers avec lesquels nous traitons seront assurés de la stabilité de la charge, évaluée en or, que leurs produits auront à supporter à leur entrée en France.

2° *au point de vue purement algérien :*

L'Algérie étant un pays essentiellement agricole, il y a nécessité absolue d'obtenir une protection suffisante, efficace et stable pour les produits de son sol qui constituent la presque totalité de ses exportations.

Afin d'apporter précisément une stabilité suffisante dans l'application des droits, il serait toutefois nécessaire que l'écart entre la valeur du franc papier et celle du franc or soit fixé à intervalles réguliers assez longs, trimestriellement par exemple, par arrêté inséré au *Journal officiel*.

La présente étude est donc établie, comme la précédente, sur la perception en francs or des droits du tarif après suppression des coefficients de majoration.

D'une manière générale, en ce qui concerne les marchandises frappées d'un coefficient supérieur à 4, le droit les concernant doit être élevé de telle sorte qu'il n'en résulte pas pour elles une protection inférieure à celle dont elles sont l'objet dans le tarif actuel.

Cette règle doit s'appliquer à l'intégralité des articles du tarif, exception faite :

1° de quelques produits du sol ou de l'industrie algérienne pour lesquels notre Compagnie demande une protection plus efficace ;

2° des houilles qui, au contraire, ne devraient pas, avec le nouveau régime, supporter un droit supérieur au chiffre actuel ;

et 3° enfin, des tabacs en feuilles pour lesquels elle réclame le retour à un tarif équivalent à celui en vigueur avant le 1er janvier 1925.

Ceci posé, on trouvera ci-après nos propositions pour les articles auxquels notre Compagnie s'est attachée d'une façon plus spéciale (1). Pour plus de clarté, elle n'a tenu compte que du tarif minimum, l'écart entre celui-ci et le tarif général devant, à son avis, être maintenu.

---

(1) Quatre articles pour lesquels nous avions formulé des propositions en 1923, n'ont pas été repris dans cette étude. Nous en donnerons les raisons *in fine*.

FARINEUX ALIMENTAIRES

N° 68 de la nomenclature. — a) *Blés* { *tendres* / *durs* } *en grains*

Valeur : 125 francs le quintal.

Tarif minimum	Droits actuels : 7 × 2 = 14 francs.
	(Pourcentage par rapport à la valeur : 11,2 %.)
	Droits demandés : 7 francs or.
	(Pourcentage par rapport à la valeur : 22,4 % (1).)

En Algérie, la culture des céréales, qui est en grande partie entre les mains des indigènes, ne nourrit plus aujourd'hui le producteur et sa famille, car il n'y a guère qu'une récolte satisfaisante tous les quatre ans environ. Pour provoquer son intensification, il faut la protéger, de manière à la rendre suffisamment rémunératrice.

Sans doute la protection demandée constitue-t-elle un maximum qu'on ne saurait dépasser sans que la répercussion s'en fasse sentir sur le prix du pain. Le Gouvernement tient d'ailleurs de la loi du 29 mars 1887, article 1er, le pouvoir, dans les circonstances exceptionnelles, et quand le prix du pain s'élève à un taux menaçant pour l'alimentation publique, de suspendre, même en l'absence des Chambres, les effets de la loi de Douane, par décret rendu en Conseil des Ministres, sauf à soumettre la mesure à la ratification du Parlement dès sa première session.

---

(1) *Nota.* — Pour établir le pourcentage du droit de douane demandé, par rapport à la valeur exprimée en francs papier, le franc or a été compté pour 4 francs papier.

Cette indication s'applique à tous les pourcentages de l'espèce établis au cours de notre étude.

Tableaux statistiques de 1923

Importations

Désignation des marchandises	Unités	Pays de provenance	Importations en France	Importations en Algérie	Totaux
Grains de froment épeautre et méteil (blés)	Quintal	Russie	15.485	»	15.485
		Danemark	4.287	»	4.287
		Grande-Bretagne	15.847	»	15.847
		Pays-Bas	6.161	»	6.161
		Union Econonique Belgo - Luxembourgeoise	70.531	2.799	73.330
		Italie	12.387	»	12.387
		Bulgarie	21.820	»	21.820
		Syrie	2.510	484	2.994
		Indes Anglaises	269.086	»	269.086
		Australie	592.488	147.685	740.163
		Etats-Unis	2.880.986	390.376	3.271.362
		Brésil	5.622	20.000	25.622
		République Argentine	4.957.499	138 178	5.095.677
		Canada	2.606.753	32.718	2.639.471
		Autres pays étrangers	4.003	»	4 003
		Totaux	11 465.455	732.240	12.197.695

Exportations

Désignation des marchandises	Unités	Pays de destination	Exportations de France	Exportations d'Algérie	Totaux
Grains de froment épeautre et méteil (blés)	Quintal	Grande-Bretagne	821	3	824
		Union Economique Belgo - Luxembourgeoise	463	»	463
		Sarre	55.729	»	55.729
		Suisse	106	»	106
		Italie	1.836	»	1.836
		Autres pays étrangers	214	»	214
		Totaux	59.169	3	59.172

Tarifs douaniers étrangers

Argentine : franchise.
Australie : T. G. 2 shillings les 100 kilos. — T. M. franchise.
Belgique : T. G. 7,50 le quintal. — T. M. franchise.
Brésil : 55 % en or *ad valorem* ou 45 % en papier ; plus 2 % en or dans la plupart des ports.
Bulgarie : le quintal : 1,50 leva.
Canada : le bushel : T. G. 0,12 dollar. — T. M. 0,08 dollar.

Espagne : le quintal : T. G. 30 pesetas or. — T. M. 10 pesetas.
Etats-Unis : le bushel de 60 livres : 0,30 dollar.
Indes anglaises : 2,5 % *ad valorem* exprimé en roupies.
Roumanie : le quintal : 0,05 lei or.
Turquie : 11 % *ad valorem*, tarif de 1921.

⁂

N° 69 de la nomenclature. — b) *Avoine en grains*

Valeur : 78 francs le quintal.

Tarif minimum	Droits actuels : $3 \times 2 = 6$ francs les 100 kilos. (Pourcentage par rapport à la valeur : 7,69 %.) *Droits demandés : 3 francs or.* (Pourcentage par rapport à la valeur : 15,38 %.)

Même argumentation que pour les blés.

TABLEAUX STATISTIQUES DE 1923

Importations

Désignation des marchandises	Unités	Pays de provenance	Importations en France	Importations en Algérie	Totaux
Grains d'avoine	Quintal	Finlande	1.475	»	1.475
		Suède	11.251	»	11.251
		Lettonie	2.381	»	2.381
		Danemark	7.641	»	7.641
		Grande-Bretagne	6.810	1	6.811
		Allemagne	607	»	607
		Pays-bas	10.431	»	10.431
		Union Économique Belgo-Luxembourgeoise	7.956	»	7.956
		Roumanie	273.303	20.255	293.558
		Bulgarie	3.213	»	3.213
		Turquie	2.538	»	2.538
		Etats-Unis	111.323	»	111.323
		Brésil	»	»	»
		République Argentine	416.794	10.205	426.999
		Canada	22.111	»	22.111
		Autres pays étrangers	1.152	»	1.152
		TOTAUX	878.986	30.461	909.447

Exportations

Désignation des marchandises	Unités	Pays de destination	Exportations de France	Exportations d'Algérie	Totaux
Grains d'avoine	Quintal	Grande-Bretagne	10.327	74 632	84.959
		Allemagne	1.139	»	1.139
		Pays-Bas	2.129	2.030	4.159
		Union-Économique Belgo-Luxembourgeoise	60.382	111.502	171.884
		Sarre	102.763	»	102.763
		Suisse	193.434	»	193.434
		Italie	885	168.683	169.568
		Espagne	545	»	545
		Autres pays étrangers	324	304	628
		Totaux	371.928	357.151	729.079

Tarifs douaniers étrangers

Angleterre : franchise.

Argentine : 0,015 peso le kilo.

Belgique : le quintal T. G. 9 × 2 = 18 francs. — T. M. 3 × 2 = 6 francs.

Bulgarie : le quintal : 1,50 leva.

Canada : le boisseau T. G. 0,10 dollar. — T. I. 0,09 dollar. — T. M. 0,07 dollar.

Etats-Unis : le bushel de 32 livres : 0,15 dollar.

Italie : le quintal : 4 lires or aux 2 tarifs (droits momentanément suspendus).

Pays-Bas : franchise.

Roumanie : le quintal : 0,05 lei or.

Turquie : 11 % *ad valorem*, tarif de 1921.

***

N° 70 de la nomenclature. — c) Orge en grains

Valeur : 87 francs le quintal.

Tarif minimum
- Droits actuels : 3 francs les 100 kilos. (Pourcentage par rapport à la valeur : 3,44 %.)
- *Droits demandés : 3 francs or.* (Pourcentage par rapport à la valeur : 13,79 %.)

Même argumentation que ci-dessus.

Tableaux statistiques de 1923

Importations

Désignation des marchandises	Unités	Pays de provenance	Importations en France	Importations en Algérie	Totaux
Grains d'orge	Quintal	Pologne	302	»	302
		Pays-Bas	181	»	181
		Union-Économique Belgo-Luxembourgeoise	2.428	»	2.428
		Tchéco-Slovaquie	382	»	382
		Roumanie	70.412	320.307	390.719
		Bulgarie	351	297	648
		Indes Anglaises	996	16.988	17.984
		Australie	1.021	»	1.021
		Etats-Unis	41.863	24.562	66.425
		République Argentine	736	»	736
		Autres pays étrangers	267	8	275
		Totaux	118.939	362.162	481.101

Exportations

Désignation des marchandises	Unités	Pays de destination	Exportations de France	Exportations d'Algérie	Totaux
Grains d'orge	Quintal	Grande-Bretagne	5 305	252.088	257.393
		Allemagne	»	49 315	49 315
		Pays-Bas	»	110.143	110.143
		Union- conomique Belgo-Luxembourgeoise	138.135	44.265	182.400
		Sarre	61.767	»	61.767
		Italie	»	7.831	7.831
		Suisse	13.861	»	13.861
		Grèce	»	51.600	51.600
		Espagne	»	28.440	28.440
		Turquie	»	12.000	12.000
		Egypte	»	7.500	7.500
		Autres pays étrangers	365	»	365
		Totaux	219.433	563.182	782.615

Tarifs douaniers étrangers

Allemagne : franchise.
Angleterre : franchise.
Australie : 2 shillings le quintal.
Belgique : le quintal : 7,50 francs.
Bulgarie : le quintal : 5 leva.
Egypte : 8 % *ad valorem*.
Espagne : le quintal : T. G. 32 pesetas or. — T. M. 8 pesetas.
Etats-Unis : le bushel de 48 livres : 0,20 dollar.

Grèce : le quintal : T. G. 5 drachmes métalliques. — T. M. 4 drachmes.

Italie : le quintal : 4 lires or aux deux tarifs (momentanément suspendus).

Pays-Bas : franchise.

Roumanie : le quintal : 0,05 lei or.

Turquie : 11 % *ad valorem* (tarif de 1921).

***

N° 83 de la nomenclature. — d) Pomme de terre à l'état frais

Tarif minimum	1° Importées du 1er mars au 31 mai inclus. —Valeur 105 francs le quintal : Droits actuels : 3 francs les 100 kilos. (Pourcentage par rapport à la valeur : 2,85 %.) *Droits demandés : 4 francs or les 100 kilos.* (Pourcentage par rapport à la valeur : 15,23 %.) 2° Importées pendant les autres périodes. Valeur 25 francs le quintal : Droits actuels : 0 fr. 40 les 100 kilos. (Pourcentage par rapport à la valeur : 1,60 %.) *Droits demandés : 0 fr. 40 or les 100 kilos.* (Pourcentage par rapport à la valeur : 6,40 %.)

L'Algérie développe de plus en plus ses cultures de pommes de terre primeurs. Elle s'impose à gros frais des créations de jardins irrigués et il est nécessaire de protéger sa production contre la concurrence étrangère, en vue de permettre une extension plus grande encore de ses cultures qui seront peut-être appelées prochainement à compenser dans une certaine mesure les mécomptes que pourra lui laisser la viticulture.

Or, les droits actuels sont les mêmes qu'avant-guerre, c'est-à-dire totalement insuffisants. Pour permettre d'atteindre le but sus-visé, il convient de porter les droits à 4 francs or sur les pommes de terre importées du 1er mars au 31 mai inclus et à 0 fr. 40 or sur celles importées pendant les autres périodes.

Tableaux statistiques de 1923

Importations

Désignation des marchandises		Unités	Pays de Provenance	Importations en France	Importations en Algérie	Totaux
Pommes de terre	Importées du 1er Mars au 1er Juin	Quintal	Union Économique Belgo-Luxembourgeoise	1.412	3.064	4.476
			Tchéco Slovaquie	592		592
			Italie	18.442		18.442
			Espagne	102.172		102.172
			Autres pays étrangers	287	181	468
			Totaux	122.905	3.245	126.150
	Importées pendant les autres périodes		Irlande	54.176		54.176
			Grande-Bretagne	70 495	12.498	82.993
			Pologne	584.769		584.769
			Allemagne	14.271		14.271
			Pays-Bas	272.643	702	273 345
			Tchéco-Slovaquie	13.982		13.982
			Hongrie	12.302		12.302
			Italie	446.414	790	447.204
			Union Economique Belgo-Luxembourgeoise	969.910	3.036	972.946
			Espagne	121.279	7.387	128.666
			Autres pays étrangers	15.370	14	15.384
			Totaux	2.575.611	24.427	2.600.038

Exportations

Désignation des marchandises	Unités	Pays de destination	Exportations de France	Exportations d'Algérie	Totaux
Pommes de terre	Quintal	Grande-Bretagne	1.024.781	2 632	1.027.413
		Allemagne	4.368	»	4.368
		Union conomique Belgo-Luxembourgeoise	55.458	74	55.532
		Suisse	83.737	306	84.043
		Italie	5.026	»	5.026
		Grèce	34.992	»	34.992
		Turquie	72.298	»	72.298
		Espagne	78 706	»	78.706
		Portugal	130.255	»	130.255
		Égypte	12.105	»	12.105
		Possessions Anglaises en Afrique	2.434	»	2.434
		Syrie	9.496	»	9.496
		Palestine	16.958	»	16.958
		Brésil	8.219	»	8.219
		Uruguay	9.072	»	9.072
		République Argentine	17.984	»	17.984
		Autres pays étrangers	4.176	»	4.176
		Totaux	1.570.065	3.012	1.573.077

Tarifs douaniers étrangers

Allemagne { Primeurs : T. G. 2,50 marks or le quintal. — T. M. 1 mark.
Autres : franchise.

Angleterre : franchise.

Belgique { Primeurs : T. G. 9 francs le quintal. — T. M. 3 francs.
Autres : franchise.

Espagne : T. G. 2 pesetas or le quintal. — T. M. 1 peseta.

Hongrie { Primeurs : 20 couronnes or le quintal.
Autres : 6 couronnes or le quintal.

Irlande : franchise.

Italie : franchise.

Pays-Bas : franchise.

Pologne { Primeurs : 40 zlotis le quintal.
Autres : franchise.

Suède : le quintal { primeurs : 2,50 couronnes.
autres : franchise.

Tchéco-Slovaquie : franchise.

*
* *

FRUITS ET GRAINES

N° 84 de la nomenclature. — Fruits de table frais

a) Oranges

Valeur : 80 francs le quintal.

Tarif minimum { Droits actuels : 5 francs les 100 kilos.
(Pourcentage par rapport à la valeur : 6,25 %.)
Droits demandés : 10 francs or les 100 kilos.
(Pourcentage par rapport à la valeur : 50 %.)

Les oranges algériennes sont très handicapées par les produits similaires étrangers qui sont favorisés par des frais de transport moindres et par la possibilité d'être expédiés en vrac.

Au contraire, les fruits d'Algérie, en raison de nombreuses manipulations de chargement et de déchargement inhérentes au transport par mer, doivent être expédiés avec un emballage très lourd qui rentre pour 1/5 dans le poids brut. D'autre part, les transports maritimes sont et resteront longtemps élevés en raison de la cherté du charbon et du monopole du pavillon. C'est ainsi que le transport d'une tonne d'oranges (poids brut) d'Algérie coûte actuellement aux exportateurs algériens, d'Alger à Paris, 451 fr. 80, pour la période du 1er octobre à fin décembre, et 414 fr. 84 pour celle du 1er janvier au 30 avril (application du tarif saisonnier réduit), alors que le transport de la même quantité d'oranges ne coûte aux Espagnols, de Cerbère à Paris, que 250/260 francs.

Les chiffres ci-dessus s'entendent, en ce qui concerne l'Algérie, pour la G. V. (tarif spécial 3-103), des essais d'expédition en P. V. dite « accélérée » ayant, en effet, établi qu'au lieu des 62 heures prévues par les horaires Marseille-Paris, les wagons mettaient, pour effectuer ce trajet, 5 jours avec une surveillance spéciale de la direction P. L. M. et de 7 à 11 jours sans cette surveillance.

Ces longs délais étant nuisibles à la conservation et à la bonne vente de la marchandises qui a déjà dû séjourner à bord des navires où elle a pu s'échauffer pendant la traversée Algérie-Marseille, les expéditeurs de la Colonie ont dû renoncer définitivement à employer la P. V.

Il n'en est pas de même pour l'Espagne et l'Italie qui n'ont pas cet inconvénient du transport maritime et peuvent continuer à utiliser couramment la P. V. A titre d'exemple de l'importance des transports, sur le P. L. M., des agrumes originaires de ces deux pays, nous rappellerons qu'en 1923, ce Réseau a transporté 5.626 tonnes d'agrumes espagnoles et 3.355 tonnes d'agrumes italiennes en P. V.

Aux chiffres de 451 fr. 80 ou de 414 fr. 84 ci-dessus indiqués, viennent s'ajouter le coût de l'emballage lui-même et celui de la main-d'œuvre supplémentaire d'emballage qui grèvent les marchandises algériennes de 175 à 200 francs par tonne. Toutes ces charges s'augmentent encore des frais de retour des emballages vides qui peuvent être évalués à 60 francs par tonne.

Tableaux statistiques de 1923

Importations

Désignation des marchandises	Unités	Pays de provenance	Importations en France	Importations en Algérie	Totaux
Citrons, oranges et leurs variétés	Quintal	Grande-Bretagne	1.157	»	1.157
		Union Économique Belgo-Luxembourgeoise	427	»	427
		Suisse	551	»	551
		Italie	428.341	»	428.341
		Espagne	697.355	161	697.516
		Palestine	378	»	378
		Autres pays étrangers	774	»	774
		Totaux	1.128.983	161	1.129.144

Exportations

Désignation des marchandises	Unités	Pays de destination	Exportations		Totaux
			de France	d'Algérie	
Citrons, oranges et leurs variétés	Quintal	Grande-Bretagne......	198	222	420
		Union Economique Belgo-Luxembourgeoise..............	2.545	»	2.545
		Pays-Bas	»	92	92
		Suisse	635	»	635
		Italie.................	4 259	»	4.259
		Etats-Unis...	3.416	»	3.416
		Autres pays étrangers.	1.518	»	1.518
		TOTAUX....	12.571	314	12.885

TARIFS DOUANIERS ÉTRANGERS

Allemagne : le quintal : T. G. 12 marks.

T. M. { oranges : 3,25 marks.
citrons : franchise. }

Angleterre : franchise.

Belgique { en emballages de 5 kilos ou moins :
le quintal T. G. 60 × 3
T. M. 20 × 3
autrement : le quintal T. G. 27 × 3
T. M. 9 × 3 }

Espagne : le quintal : T. G. 15 pesetas or. — T. M. 5 pesetas.

Italie : le quintal : T. G. 4 lires or. — T. M. 2 lires.

Suisse : le quintal :

T. G. actuel : 15 francs. }
T. G. projeté : 30 francs. } T. M. : franchise.

Norvège : le kilo : T. G. 0,08 couronne. — T. M. 0,02 couronne.

Suède : le kilo : 0,10 couronne.

Pays-Bas : franchise.

Pologne : le quintal { oranges : 120 zlotis.
citrons : 17 zlotis. }

⁂

N° 84 de la nomenclature. — b) *Mandarines*

Valeur : 100 francs le quintal.

Tarif minimum { Droits actuels : 10 francs les 100 kilos.
(Pourcentage par rapport à la valeur : 10 %.)
Droits demandés : 10 francs or les 100 kilos.
(Pourcentage par rapport à la valeur : 40 %.) }

Même argumentation que pour l'article précédent.

Tableaux statistiques de 1923

Importations

Désignation des marchandises	Unités	Pays de provenance	Importations en France	Importations en Algérie	Totaux
Mandarines et Chinois	Quintal	Italie....................	19.251	»	»
		Espagne..................	76.696	»	»
		Autres pays étrangers...	80	»	96.027
		Totaux......	96.027	»	96.027

Exportations

Désignation des marchandises	Unités	Pays de destination	Exportations de France	Exportations d'Algérie	Totaux
Mandarines et Chinois	Quintal	Grande-Bretagne........	»	133	133
		Pays-Bas...	»	707	707
		Union Economique Belgo-Luxembourgeoise.....	124	»	124
		Suissse.................	128	»	128
		Autres pays étrangers...	124	8	132
		Totaux	376	848	1.224

Tarifs douaniers étrangers

Angleterre : franchise.

Belgique :
- emballages de 5 kilos ou moins : le quintal T. G. 60 × 3 ; T. M. 20 × 3
- autrement : le quintal T. G. 27 × 3 ; T. M. 9 × 3

Espagne : non reprises au tarif où elles suivent sans doute le régime des oranges, soit au quintal T. G. 15 pesetas or. — T. M. 5 pesetas.

Italie : non reprises au tarif où elles suivent sans doute le régime des oranges, soit le quintal T. G. 4 lires or. — T. M. 2 lires.

Allemagne : le quintal : T. G. 12 marks. — T. M. 3,25 marks.

Norvège : le kilo : T. G. 0,08 couronne. — T. M. 0,02 couronne.

Suède : le kilo : 0,10 couronne.

Pays-Bas : franchise.

Suisse : le quintal :
T. G. actuel : 15 francs. ; T. G. projeté : 30 francs. } T. M. : franchise.

Pologne : le quintal : 120 zlotis.

*
* *

N° 84 de la nomenclature. — c) Caroubes

Valeur : 40 francs le quintal.

Tarif minimum
- Droits actuels : 1 fr. 50 les 100 kilos.
- (Pourcentage par rapport à la valeur : 3,75 %.)
- *Droits demandés : 2 francs les 100 kilos.*
- (Pourcentage par rapport à la valeur : 20 %.)

Le cours des caroubes est actuellement de 40 francs, c'est-à-dire le double des cours d'avant-guerre, et les frais de production ont sérieusement augmenté.

Les caroubes d'Algérie craignent surtout la concurrence des produits similaires originaires de Chypre et ne pourront arriver à lutter à égalité contre ces dernières, à l'importation en France, que si le tarif actuel est relevé à 2 francs or.

TABLEAUX STATISTIQUES DE 1923

Importations

Désignation des marchandises	Unités	Pays de provenance	Importations en France	Importations en Algérie	Totaux
Carrobes, Carouges ou Caroubes	Quintal	Grèce	91.750	5.371	97.121
		Turquie	75.968	5.005	80.973
		Autres pays étrangers	258	»	258
		Totaux	167.976	10.376	178.352

Exportations

Désignation des marchandises	Unités	Pays de destination	Exportations de France	Exportations d'Algérie	Totaux
Carrobes, Carouges ou Caroubes	Quintal	Grande-Bretagne	1.422	3.485	4.907
		Union Economique Belgo-Luxembourgeoise	»	989	989
		Suisse	11	»	11
		Espagne	367	»	367
		Autres îles de l'Océanie	»	1.061	1.061
		Autres pays étrangers	30	»	30
		Totaux	1.830	5.535	7.365

TARIFS DOUANIERS ÉTRANGERS

Grèce : le quintal : T. G. 0,40 drachmes métalliques. — T. M. 0,30 drachmes.
Turquie : 11 % *ad valorem* (tarif du 13 septembre 1921).
Angleterre : franchise.
Belgique : franchise.
Danemark : le kilo : 0,01 couronne.

*
* *

N° 84 de la nomenclature. — d) Moûts de vendange.

(Article classé maintenant avec les « Boissons », sous le n° 171 bis, comme nous l'avions demandé en 1923 — *Voir plus loin à ce numéro*).

*
* *

N° 84 de la nomenclature. — e) Raisins de table ordinaires (importés du 15 juillet au 1er novembre)

Valeur : 185 francs le quintal.

Tarif minimum
- Droits actuels : 8 francs les 100 kilos.
  (Pourcentage par rapport à la valeur : 4,32 %.)
- *Droits demandés : 8 francs or les 100 kilos.*
  (Pourcentage par rapport à la valeur : 17,29 %.)

Ces fruits ont également besoin d'un supplément de protection qui serait obtenu par le maintien du tarif actuel exprimé en francs or.

Les arguments développés plus haut pour les agrumes s'appliquent d'une manière générale à ces fruits algériens qui sont mis en état d'infériorité à leur arrivée sur le marché de Paris, par rapport aux produits similaires étrangers.

TABLEAUX STATISTIQUES DE 1923

Importations

Désignation des marchandises	Unités	Pays de provenance	Importations en France	Importations en Algérie	Totaux
Raisins de table ordinaires frais	Quintal	Italie	383	»	»
		Espagne	9.932	»	»
		Autres pays étrangers	4	»	»
		Totaux	10.319	»	10.319

Exportations

Désignation des marchandises	Unités	Pays de destination	Exportations de France	Exportations d'Algérie	Totaux
Raisins de table ordinaires frais	Quintal	Grande-Bretagne........	131	»	»
		Union Economique Belgo-Luxembourgeoise.....	1.297	»	»
		Suisse	16 205	»	»
		Autres pays étrangers...	376	»	»
		Totaux......	18 009	»	18.009

TARIFS DOUANIERS ÉTRANGERS

Allemagne : le quintal : T. G. 20 marks.

T. M. { en postaux jusqu'à 5 kilos : franchise. autrement : 4 marks.

Angleterre : franchise.

Belgique ; le quintal : T. G. 360 francs. — T. M. : 120 francs.

Espagne : les 100 kilos : T. G. 12 pesetas or. — T. M. 4 pesetas.

Norvège : le kilo : T. G. 0,08 couronne. — T. M. 0,02 couronne.

Italie : le quintal : T. G. 12 lires or. — T. M. : franchise.

Suède : le kilo : 0,50 couronne.

Suisse : le quintal : T. G. actuel : 15 francs.

T. G. projeté : 30 francs.

T. M. { en postaux jusqu'à 5 kilos : 5 francs le quintal ; autres modes d'envoi jusqu'à 5 kilos : 10 francs le quintal ; en barils de chêne jusqu'à 18 kilos : 10 francs le quintal ; autres expéditions : 15 francs le quintal.

Pays-Bas : 5 % *ad valorem.*

*
* *

N° 84 de la nomenclature. — f) Prunes

Valeur : 100 francs le quintal.

Tarif minimum { Droits actuels : 3 francs les 100 kilos. (Pourcentage par rapport à la valeur : 3 %.) *Droits demandés : 3 francs or les 100 kilos.* (Pourcentage par rapport à la valeur : 12 %.)

Même argumentation que pour les raisins.

A signaler, au surplus, que l'Algérie fait actuellement de très gros efforts pour développer la culture du prunier qui donne les plus belles promesses d'avenir.

Tableaux statistiques de 1923

Importations

Désignation des marchandises	Unités	Pays de provenance	Importations en France	Importations en Algérie	Totaux
Prunes importées pendant l'époque de la production en France	Quintal	Suisse	660	»	»
		Italie	6.141	»	»
		Espagne	3.379	»	»
		Autres pays étrangers	1.545	»	»
		Totaux..	11 725	»	11.725
Prunes importées en dehors de cette époque	Quintal	Espagne	55	»	»
		Grande-Bretagne	32	»	»
		Totaux	87	»	87

Exportations

Désignation des marchandises	Unités	Pays de destination	Exportations de France	Exportations en Algérie	Totaux
Pruneaux et prunes (fruits frais)	Quintal	Grande Bretagne	30.005	Ne sont pas repris séparément : figurent dans les fruits frais "autres".	»
		Allemagne	149		»
		Pays-Bas	3.756		»
		Union Economique Belgo-Luxembourg[*]	2.556		»
		Suisse	388		»
		Espagne	860		»
		Australie	386		»
		Brésil	2.930		»
		Uruguay	608		»
		République Argentine	6.143		»
		Autres pays étrangers	2.474		»
		Totaux	50.255		50.255

Tarifs douaniers étrangers

Angleterre : franchise.
Belgique : le quintal :
Primeurs : T. G. 300 francs. — T. M. 100 francs.
Autres : T. G. 75 francs. — T. M. 25 francs.
Espagne : le quintal : T. G. 15 pesetas or. — T. M. 5 pesetas.
Italie : le quintal (aux 2 tarifs) : 1 lire or.
Pays-Bas : 5 % *ad valorem*.
Suisse : le quintal : tarif d'usage : 10 francs.

*
* *

N° 85 de la nomenclature

h) *Fruits de table secs. — Figues*

Valeur : 150 francs le quintal.

Tarif minimum
- Droits actuels : 2 × 1,50 = 3 francs les 100 k[os].
  (Pourcentage par rapport à la valeur : 2 %.)
- *Droits demandés : 5 francs or les 100 kilos.*
  (Pourcentage par rapport à la valeur : 13,33 %.)

Le droit actuel de 2 × 1,5 = 3 francs papier est insuffisant pour protéger la production algérienne contre la concurrence espagnole, italienne et smyrniote. Il n'est plus en rapport avec l'augmentation subie par le prix de revient (matières premières, main-d'œuvre, emballage, etc...) ainsi que nous l'établissons ci-après :

a) Le prix de la matière première est passé de 40 francs en 1913 à 80 francs en 1925 ;

b) Prix de la main-d'œuvre (femmes), de 0 fr. 60 avant-guerre à 2 fr. 50 et pour les hommes, de 1 fr. 75 à 7 francs;

c) Prix des emballages :

1° les 100 caisses : 40 francs avant-guerre contre 180 francs actuellement ;

2° les sacs : de 0 fr. 55 avant-guerre à 3 et même 4 francs l'un, selon qualité ;

3° les valises (cabas en palmier) : de 0 fr. 12 à 0 fr. 80 l'une ;

4° La hausse sur le papier dentelle et les boîtes en carton servant à l'emballage de la figue extra a subi la même proportion.

d) Frais généraux : quadruples de ceux d'avant-guerre;

e) Transport : le prix forfaitaire de gare Tizi-Ouzou (principal marché des figues de Kabylie) à quai Marseille était avant-guerre de 2 fr. 90 les 100 kilos ; il est maintenant de 13 francs ;

f) Change : il est nécessaire de nous protéger contre la dépréciation monétaire de la Grèce et de la Turquie d'Asie (Smyrne).

Tableaux statistiques de 1923

Importations

Désignation des marchandises	Unités	Pays de provenance	Importations en France	Importations d'Algérie	Totaux
Figues sèches de table	Quintal	Italie	19.428	»	19.428
		Turquie	3 998	»	3.998
		Espagne	20.182	110	20.292
		Portugal	1.840	»	1.840
		Autres pays étrangers.	1.462	1	1.463
		Totaux	46.910	111	47.021

Exportations

Désignation des marchandises	Unités	Pays de destination	Exportations de France	Exportations d'Algérie	Totaux
Figues sèches de table	Quintal	Norvège	»	30	30
		Danemark	»	41	41
		Grande-Bretagne	»	304	304
		Allemagne	2.042	108	2.150
		Pays-Bas	»	151	151
		Union Economique Belgo-Luxembourgeoise.	264	371	635
		Suisse	2.546	»	2.546
		Italie	»	403	403
		Roumanie	»	3	3
		Turquie	»	115	115
		Etats-Unis	3.943	27	3.970
		Autres pays étrangers.	741	21	762
		Totaux	9.536	1.574	11.110

Tarifs douaniers étrangers

Allemagne : quintal : T. G. 24 marks. — T. M. 8 marks.

Angleterre : le cwt : T. G. 16 shillings 6 pence. — T. M. 5/6 des droits du T. G.

Espagne : le quintal : T. G. 15 pesetas or. — T. M. 5 pesetas.

Belgique : le quintal : T. G. 27 × 3 francs. — T. M. 9 × 3 francs.

Danemark : le kilo : 0,04 couronne.

Italie : le quintal : 15 lires or aux deux tarifs.

Norvège : le kilo : T. G. 0,20 couronne. — T. M. 0,05 couronne.

Pays-Bas : 5 % *ad valorem*.

Portugal : le kilo : T. G. 0,03 escudo or. — T. M. 0,02 escudo or.

Suède : le kilo : T. G. 0,25 couronne. — T. M. 0,15 couronne.

Suisse : le quintal :

T. G. actuel : 15 francs. T. G. proposé : 30 francs.	Tarif d'usage : 10 francs

Turquie : 11 % *ad valorem* (tarif de 1921).

*
* *

DENRÉES COLONIALES DE CONSOMMATION

N° 109 de la nomenclature. — Tabacs

a) *Tabacs en feuilles ou en côtes*

Valeur : 580 francs le quintal.

Tarif minimum algérien	Droits actuels : 100 francs les 100 kilos. (Pourcentage par rapport à la valeur : 17,24 %.) *Droits demandés : Retour au tarif antérieur au 1er janvier 1925, soit 50 francs papier les 100 kilos, mais exprimer cette tarification en francs or dont le chiffre serait fixé de manière à ne pas dépasser la protection existant à cette date.* (Pourcentage par rapport à la valeur : 8,02 %.)

Le tarif sur les tabacs en feuilles, qui était jusqu'au 31 décembre 1924 de 50 francs papier, a été élevé à 100 francs par l'article 15 de la loi du 31 décembre 1924.

La protection ainsi accordée aux planteurs algériens par le nouveau tarif est en fait inexistante : pour arriver à offrir aux consommateurs un produit de bonne qualité, la fabrication locale est en effet obligée d'incorporer dans ses mélanges une très forte proportion de tabacs exotiques, sans lesquels ses produits seraient rapidement dépréciés et délaissés au profit de la concurrence étrangère.

Le seul résultat obtenu par le relèvement de droit ci-dessus a été d'augmenter le prix de vente au détail au consommateur.

La preuve du rôle capital joué par les tabacs en feuilles importés de l'étranger dans la fabrication algérienne ressort nettement des chiffres ci-après qui indiquent les quantités de ces tabacs reçus en Algérie de 1913 à 1924 :

1913	14.072	quintaux
1919	18.010	—
1920	29.069	—
1921	30.740	—
1922	38.614	—
1923	39.004	—
1924	47.838	—

soit une augmentation de 33.766 quintaux par rapport à 1913.

A noter, au surplus, que la plantation algérienne est passée, en quelques années, de 3.000 à 24.000 hectares, signe indiscutable de prospérité.

Dans ces conditions, la Chambre de Commerce demande le retour au tarif antérieur à celui du 1er janvier 1925

TABLEAUX STATISTIQUES DE 1923

Importations

Désignation des marchandises	Unités	Pays de provenance	Importations en France	Importations en Algérie	Totaux
Tabacs en feuilles ou en côtes	Quintal	Danemark	»	170	170
		Grande-Bretagne	30	290	320
		Allemagne	55	1.725	1.780
		Pays-Bas	892	4.278	5.170
		Union Economique Belgo-Luxembourgeoise	354	7.314	7.668
		Hongrie	»	119	119
		Bulgarie	»	78	78
		Grèce	»	118	118
		Turquie	102	67	169
		Espagne	»	1.180	1.180
		Malte et Gibraltar	»	615	615
		Indes Anglaises	»	179	179
		Indes Néerlandaises	6.950	108	7.058
		Philippines	12.186	1.219	13.405
		Etats-Unis	110.533	6.877	117.410
		Colombie	10.163	687	10 850
		Vénézuéla	»	1.062	1.062
		Brésil	35.273	7.725	42.998
		Uruguay	7.880	622	8.502
		République Argentine	8.213	283	8.496
		Haïti	»	296	296
		République Dominicaine	69.518	3.615	73.133
		Cuba	467	180	647
		Autres pays étrangers	648	163	811
		TOTAUX	263.264	38.970	302.234

Exportations

Désignation des marchandises	Unités	Pays de destination	Exportations de France	Exportations d'Algérie	Totaux
Tabacs en feuilles ou en côtes	Quintal	Pologne	»	438	438
		Allemagne	1.950	4.355	6.305
		Pays-Bas	»	8.814	8.814
		Union Economique Belgo-Luxembourgeoise	»	11.097	11.097
		Suisse	»	319	319
		Grèce	»	202	202
		Espagne	744	1	745
		Portugal	»	3 022	3 022
		Malte et Gibraltar	»	58	58
		Etats-Unis	»	»	»
		Autres pays étrangers	»	1	1
		TOTAUX	2.695	28.306	31.001

TARIFS DOUANIERS ÉTRANGERS

Allemagne : le quintal : T. G. 30 marks.

Angleterre : la livre :

T. G. : 8 shillings 2 ou 9 shillings 0 1/2 selon le degré d'humidité ;

T. M. : 5/6 des droits ci-dessus.

Belgique : le quintal : T. G. 360 francs. — T. M. 120 francs.

Cuba : la livre : 5 dollars.

Espagne : Prohibition sauf pour la Compagnie fermière.

Etats-Unis : la livre : 2,10 dollars ou 0,35 dollar suivant qualité.

Grèce : le quintal : T. G. 500 drachmes métalliques. — T. M. 400 drachmes métalliques.

Italie : prohibé.

Philippines : le kilo : 4,08 dollars.

Pays-Bas : le quintal : 1,40 florin.

Pologne : le quintal : 210 zlotis.

Suisse : le quintal	tabacs d'Orient	autres que pour la cigarette, 740 francs; tabac à cigarettes, 1.000 francs.
	autres tabacs	autres que pour la cigarette, 250 francs; pour la cigarette, 510 francs.

*
* *

N° 109 *de la nomenclature.* — b) *Tabacs fabriqués*

1° *Cigares :* valeur : 15.000 francs le quintal.

Tarif minimum	Droits actuels : 250 francs les 100 kilos.
	(Pourcentage par rapport à la valeur : 1,66 %.)
	Droits demandés : 500 francs (1) *les 100 k^{os}.*
	(Pourcentage par rapport à la valeur : 3,33 %.)

2° *Cigarettes :* valeur : 5.920 francs le quintal.

Tarif minimum	Droits actuels : 250 francs les 100 kilos.
	(Pourcentage par rapport à la valeur : 4,22 %.)
	Droits demandés : 500 francs (1) *les 100 k^{os}.*
	(Pourcentage par rapport à la valeur : 8,44 %.)

(1) Tarification à exprimer en francs or, dont le chiffre serait fixé de manière à obtenir la protection demandée ci-dessus en francs papier, simplement en vue de la comparaison avec le tarif actuel.

Aucune proposition de ce genre n'avait été faite en 1923, mais nous estimons nécessaire de demander le doublement des droits actuels.

L'industrie algérienne des tabacs supporte, depuis l'après-guerre, des charges incomparablement plus lourdes qu'auparavant : impôts divers, augmentation des salaires, journée de 8 heures, élévation du coût du matériel, cherté du loyer, prix de revient plus élevé des tabacs étrangers servant aux mélanges, etc...

Or, la différence des droits de douane entre les tabacs fabriqués et les tabacs bruts n'est actuellement que de 150 francs, et cela sans tenir compte des droits payés sur les déchets de fabrication qui peuvent être évalués à 10 %.

Tableaux statistiques de 1923

Importations

Désignation des marchandises		Unités	Pays de provenance	Importations en France	Importations en Algérie	Totaux
Tabacs fabriqués	Cigares	Centaines	Grande-Bretagne	471	960	1.431
			Allemagne	44	»	44
			Pays-Bas	141	278	419
			Union Economique Belgo-Luxembourgeoise	1.548	2.100	3.648
			Suisse	3.975	»	3.975
			Italie	126	»	126
			Indes Anglaises	17	»	17
			Philippines	1.000	»	1.000
			Etats-Unis	57	»	57
			Cuba	65.568	300	65.868
			Autres pays d'Asie	»	137	137
			Autres pays étrangers	165	84	249
			Totaux	73.112	3.859	76.971
	Cigarettes	Quintal	Grande-Bretagne	702	14	716
			Union Economique Belgo-Luxembourgeoise	466	3	469
			Suisse	528	»	528
			Italie	154	»	154
			Turquie	3	»	3
			Egypte	193	»	193
			Autres pays étrangers	20	2	22
			Totaux	2.066	19	2.085

Exportations

Désignation des marchandises		Unités	Pays de destination	Exportations de France	Exportations d'Algérie	Totaux
Tabacs fabriqués	Cigares	Centaines	Grande-Bretagne	89	»	89
			Allemagne	150	6.300	6.450
			Union Économique Belgo-Luxembourgeoise	»	»	»
			Suisse	»	»	»
			Turquie	»	8.100	8 100
			Espagne	10	47.700	47.710
			Portugal	»	13.500	13.500
			Malte et Gibraltar	»	300	300
			Maroc Espagnol	»	49.500	49.500
			Egypte	2	»	2
			Autres pays étrangers	25	»	25
			Totaux	276	125.400	125.676
	Cigarettes	Quintal	Grande-Bretagne	»	1	1
			Pays-Bas	»	34	34
			Allemagne	1062	»	1.062
			Union Économique Belgo-Luxembourgeoise	125	998	1.123
			Italie	29	672	701
			Espagne	75	18	93
			Portugal	2	1.184	1.186
			Turquie	»	1.206	1.206
			Malte et Gibraltar	»	1	1
			Possessions Anglaises en Afrique	»	45	45
			Chine	»	25	25
			Royaume de Siam	»	9	9
			Autres pays étrangers	109	5	114
			Totaux	1402	4.198	5.600

TARIFS DOUANIERS ÉTRANGERS

Allemagne : le quintal { Cigares : T. G. 6.000 marks.
Cigarettes : T. G. 7.500 marks.

Angleterre { Cigares { T. G. : la livre : 15 shillings 7 ;
T. M. : la livre : 5/6 des droits ci-dessus.
Cigarettes { T. G. : la livre : 12 shillings 7 ;
T. M. : la livre : 5/6 des droits dessus.

Belgique { Cigares : le quintal : T. G. 3.600 francs. — T. M. 1.200 francs.
Cigarettes : le quintal : T. G. 3.600 francs. — T. M. 1.200 francs.

Cuba : cigares et cigarettes, la livre : 4 dollars 50 plus 25 % *ad valorem*.

Espagne { Cigares : le kilo : 48 pesetas or
Cigarettes : le kilo : 30 pesetas or } en sus des droits réguliers.

Etats-Unis : Cigares et cigarettes : la livre : 4 dollars 50 plus 25 % *ad valorem*.

Gibraltar : cigares et cigarettes : la livre : 1 shilling 3.

Malte { cigares : le kilo : 11 shillings.
cigarettes : le kilo : 8 shillings 10.

Italie : cigares et cigarettes : le kilo : T. G. 55 lires or.

Pays-Bas { Cigares : 30 % *ad valorem* (avec minimum de 15 florins pour 1.000 cigares).
Cigarettes : 45 % *ad valorem.*

Philippines : cigares et cigarettes : le kilo : 9 dollars 93 plus 25 % *ad valorem.*

Pologne : cigares et cigarettes : le quintal : 1.000 zlotis.

Portugal { Cigares : le kilo : 90 escudos ;
Cigarettes : le kilo : 70 ou 80 escudos, suivant le cas.

Suisse { Cigares : le quintal : 900 francs ;
Cigarettes : le quintal : 1.300 francs.

Turquie : 11 % *ad valorem.*

***

HUILES ET SUCS VÉGÉTAUX

N° 110 de la nomenclature. — a) *Huiles fixes pures d'olives*

Valeur : 570 francs le quintal.

Tarif minimum { Droits actuels : 10 × 2,8 = 28 francs les 100 kos.
(Pourcentage par rapport à la valeur : 4,91 %.)
Droits demandés : 15 francs or les 100 kilos.
(Pourcentage par rapport à la valeur : 10,52 %.)

Les droits actuels ne sont plus en rapport avec le prix de revient du produit. Le coût de la matière première règle celui de la fabrication.

Or, le prix moyen des olives, qui était avant-guerre de 8 francs les 100 kilos, est actuellement de 75 francs et même de 90 francs.

D'autre part, le prix de la main-d'œuvre est passé de 1 fr. 75 à 7 francs. Tous les autres frais généraux (tels que production de la force motrice, chauffage, impôts, etc...) ont pour le moins quadruplé. Le transport à forfait de gare Tizi-Ouzou (principal marché de la Kabylie), qui était en 1913 de 3 francs les 100 kilos, est maintenant de 15 francs (assurance comprise).

Le Levant, l'Espagne et l'Italie, plus favorisés à ces divers points de vue, font aux huiles d'olives algériennes une concurrence insoutenable qui nécessite des mesures de protection énergiques.

Tableaux statistiques de 1923

Importations

Désignation des marchandises	Unités	Pays de provenance	Importations en France	Importations en Algérie	Totaux
Huiles fixes pures d'olives autres	Quintal	Italie	5.428	»	5.428
		Grèce	33	»	33
		Turquie	1	»	1
		Espagne	620	45	665
		Autres pays étrangers	88	»	88
		Totaux	6.170	45	6.215

Exportations

Désignation des marchandises	Unités	Pays de destination	Exportations de France	Exportations d'Algérie	Totaux
Huiles fixes pures d'olives	Quintal	Suède	679	»	679
		Norvège	1.601	»	1.601
		Grande-Bretagne	5.113	9.458	14.571
		Allemagne	492	»	492
		Pays-Bas	»	840	840
		Union Economique Belgo Luxembourgeoise	4.964	»	4 964
		Suisse	4.034	»	4.034
		Italie	3.582	834	4.416
		Roumanie	1 440	»	1.440
		Bulgarie	251	328	579
		Portugal	72	»	72
		Egypte	387	»	387
		Possessions Anglaises en Afrique	949	»	949
		Japon	309	»	309
		Australie	2.019	»	2.019
		Etats-Unis	8.596	2.070	10.666
		Mexique	941	»	941
		Brésil	762	»	762
		République Argentine	661	»	661
		Chili	1.718	»	1.718
		Canada	336	»	336
		Autres pays étrangers	4.642	57	4.699
		Totaux	43.548	13.587	57.135

Tarifs douaniers étrangers

Allemagne : le quintal { en fûts : franchise. / en autres emballages : 10 marks.

Angleterre : franchise.

Bulgarie : le quintal :

en récipients de 10 kilos et au-dessus : 30 leva ;

en récipients de moins de 10 kilos : 40 leva.

Belgique : le quintal { T. G. 45 francs × 2.
T. M. 15 francs × 1,2.
Espagne : le quintal { T. G. 90 pesetas or.
T. M. 30 pesetas.
Etats-Unis : la livre :
en contenants de moins de 40 livres : 0,07 1/2 dollar ;
autrement : 0,06 1/2 dollar.
Italie : le quintal : aux deux tarifs : 15 lires or.
Pays-Bas : le quintal : 0,55 florin.
Suisse : le quintal { Tarif d'usage : 10 francs ;
Tarif général en préparation : 20 francs.

*
* *

N° 112 de la nomenclature

b) *Huiles volatiles ou essences de géranium rosat*

Valeur : 19.000 francs le quintal.

Tarif minimum { Droits actuels : 500 francs les 100 kilos.
(Pourcentage par rapport à la valeur : 2,63 %.)
Droits demandés : 1.650 francs or les 100 kos.
(Pourcentage par rapport à la valeur : 34,73 %.)

Il s'agit ici d'une culture dont l'étendue subit des fluctuations excessives par suite de l'instabilité du marché : de 45.000 kilos en 1913, la production algérienne était tombée à 9.000 kilos en 1920 pour remonter à 15.000 kilos en 1922 et à 50.000 kilos en 1924, avec perspective de 70.000 kilos en 1925.

La durée d'une plantation est de 6 ans, et exige une installation complète et coûteuse pour la distillation. C'est ainsi qu'une distillerie de 4 batteries de 3 vases chacune coûte actuellement 100.000 francs, alors qu'en 1923 son prix n'était encore que de 60.000 francs. D'autre part, cette culture spéciale exige l'emploi d'engrais tels que le sulfate d'ammoniaque, les nitrates de soude et de chaux qui accusent également une augmentation de 30 % sur les cours de 1923 ; le prix de la main-d'œuvre est de 8 francs par jour.

Malgré ces lourdes charges, la valeur des essences de géranium est actuellement en baisse (170/190 francs le kilo en mai 1925 contre 270 francs le kilo, prix moyen de 1924).

Il s'agit, au surplus, d'un produit de luxe dont la consommation est limitée, ce qui rend la concurrence étrangère d'autant plus dangereuse. C'est ainsi que, dans la Métropole, nous luttons de plus en plus péniblement, le droit de douane de 5 francs par kilo étant absolument insuffisant. L'Angleterre vend, en effet, des huiles essentielles à bon marché : palmarosa, lemon-grass, etc.., obtenues par distillation de graminées spontanées des Indes et de la Malaisie. L'Espagne elle-même peut vendre à meilleur compte. Nous ne parlons que pour mémoire des parfums synthétiques dont la production est de nature à ruiner complètement les cultures et industries françaises et algériennes.

Notre Compagnie demande, en conséquence, que le droit de douane actuel soit élevé à 1.650 francs or par kilogramme, de manière à assurer une protection suffisante.

Tableaux statistiques de 1923

Importations

Désignation des marchandises	Unités	Pays de provenance	Importations en France	Importations en Algérie	Totaux
Huiles volatiles ou essences de géranium rosat et d'ylang-ylang	Kilo	Union Economique Belgo-Luxembourgeoise.	8	»	»
		Espagne	37	»	»
		Philippines	36	»	»
		Autres pays étrangers.	3	»	»
		Total	84	»	»

Exportations

Désignation des marchandises	Unités	Pays de destination	Exportations de France	Exportations d'Algérie	Totaux
Huiles volatiles ou essences de géranium et d'ylang-ylang	Quintal	Grande-Bretagne	496	3.560	4.056
		Pays-Bas	808	»	808
		Union Economique Belgo Luxembourgeoise.	1.503	»	1.503
		Suisse	475	»	475
		Etats-Unis	20.015	7.100	27.115
		Autres pays étrangers.	737	»	737
		Totaux	24.034	10.660	34.694

Tarifs douaniers étrangers

Angleterre : franchise.
Belgique : T. G. : 30 % *ad valorem*. — T. M. : 10 %.
Espagne : le kilo : T. G. 12 pesetas or. — T. M. 4 pesetas.
Etats-Unis : 25 % *ad valorem*.
Pays-Bas : 5 % *ad valorem*.
Philippines : 50 % *ad valorem*.
Suisse : tarif d'usage : 80 francs.

⁂

BOIS

N° 128 de la nomenclature. — Bois communs

En 1923, nous avions demandé le maintien des tarifs actuels exprimés en francs or, dont le chiffre serait fixé de manière à laisser subsister la protection actuelle.

L'Algérie n'a aucune richesse forestière sérieuse à défendre. Elle importe tous ses bois d'œuvre. La France ne pouvant les lui fournir qu'en quantités insignifiantes, c'est à la Scandinavie, à la Finlande, à la Roumanie, à la Yougoslavie, à la Tchéco-Slovaquie et à l'Amérique qu'elle les demande généralement.

Pour la Métropole, le bois est indispensable ; pour l'Algérie, pays de colonisation où les transports sont longs, coûteux et difficiles, *le bois est de toute première utilité* et son prix de revient doit donc rester obligatoirement modéré.

C'est en nous inspirant de ces principes généraux, qu'en ce qui concerne la nomenclature douanière, considérant que :

les madriers du Nord 3×9, soit 0,076 m/m d'épaisseur,
les madriers de sapin de 0,075 m/m d'épaisseur
sont l'article qui s'emploie en Algérie le plus, avec la planche 24/25 m/m, nous demandons que le n° 128 du tarif soit ainsi modifié :

Bois équarris ou sciés de 70 m/m d'épaisseur et au-dessus (au lieu de « 80 m/m d'épaisseur et au-dessus »).

Bois équarris ou sciés d'une épaisseur inférieure à 70 m/m et supérieure à 20 m/m (au lieu de « inférieure à 80 m/m et supérieure à 35 m/m »).

Bois de 20 m/m d'épaisseur et au-dessous (au lieu de « bois de 35 m/m d'épaisseur et au-dessous »).

Ne possédant pas la partie de la nouvelle nomenclature où figure cet article, nous renouvelons les propositions ci-dessus.

***

PRODUITS ET DÉCHETS DIVERS

N° 158 de la nomenclature. — a) Légumes frais

Haricots verts importés du 1er novembre au 1er juin

Valeur : 280 francs le quintal.

Tarif minimum
Droits actuels : 12 francs les 100 kilos.
(Pourcentage par rapport à la valeur : 4,28 %.)
Droits demandés : 12 francs or les 100 kilos.
(Pourcentage par rapport à la valeur : 17,14 %.)

Tomates importées du 1er décembre au 1er juillet

Valeur : 135 francs le quintal.

Tarif minimum	Droits actuels : 12 francs les 100 kilos. (Pourcentage par rapport à la valeur : 8,88 %.) *Droits demandés : 12 francs or les 100 kilos.* (Pourcentage par rapport à la valeur : 35,55 %.)

Petits pois importés du 1er mars au 1er juin

Valeur : 150 francs le quintal.

Tarif minimum	Droits actuels : 12 francs les 100 kilos. (Pourcentage par rapport à la valeur : 8,00 %.) *Droits demandés : 12 francs or les 100 kilos.* (Pourcentage par rapport à la valeur : 32,00 %.)

b) *Légumes frais autres (artichauts)*

Valeur : 100 francs le quintal.

Tarif minimum	Droits actuels : 6 francs les 100 kilos. (Pourcentage par rapport à la valeur : 6 %.) *Droits demandés : 6 francs or les 100 kilos.* (Pourcentage par rapport à la valeur : 24 %.)

La Chambre de Commerce d'Alger demande le maintien des tarifs actuels, mais exprimés en francs or. Pour les raisons déjà exposées au n° 84 (emballages, main-d'œuvre et frais de transport plus coûteux) les produits algériens sont handicapés sur le marché parisien par les similaires espagnols et italiens. La production sollicite donc un renforcement de la protection douanière pour les haricots verts, les petits pois, les tomates et les artichauts.

Ce résultat serait obtenu par la perception en francs or.

Tableaux statistiques de 1923

Importations

Désignation des marchandises			Unités	Pays de provenance	Importations en France	Importations en Algérie	Totaux
Légumes frais	Primeurs	Haricots verts importés du 1er nov. au 1er juin	Quintal	Italie	51	»	»
				Espagne	2.350	»	»
				Total	2.401	»	»
		Tomates importées du 1er décembre au 1er juillet (1)	Quintal	Grande-Bretagne	546	»	546
				Union Economique Belgo-Luxembourgeoise	27	»	27
				Italie	329	»	329
				Espagne	4.714	59	4.773
				Egypte	187	»	187
				Totaux	5.803	59	5.862
		Petits pois importés du 1er mars au 1er juin	Quintal	Union Economique Belgo-Luxembourgeoise	4	»	»
				Italie	330	»	»
				Espagne	2.877	»	»
				Totaux	3.211	»	»

Exportations

Désignation des marchandises	Unités	Pays de destination	Exportations de France	Exportations d'Algérie	Totaux
Légumes frais	Quintal	Grande-Bretagne	238.045	»	238.045
		Union Economique Belgo-Luxembourgeoise	66.539	»	66.539
		Suisse	134.753	»	134.753
		Espagne	»	»	»
		Autres pays étrangers	12.861	468	13.329
		Totaux	452.198	468	452.666

Tarifs douaniers étrangers

Allemagne : plantes potagères : franchise.
Angleterre : franchise.

(1) Sans indication de date d'importation pour les entrées en Algérie.

Belgique : le quintal
- artichauts { T. G. 150 francs ; T. M. 50 francs ;
- petits pois, haricots verts, tomates
- primeurs { T. G. 60 francs. T. M. 20 francs.

Espagne : le quintal : tomates, haricots verts, pois verts, autres légumes, T. G. 4 pesetas or. — T. M. 1 peseta.

Italie
- tomates : le quintal : T. G. 1 lire or ;
- autres légumes et plantes potagères frais : franchise.

Pays-Bas : franchise.

Suisse
- tarif d'usage actuel : 10 francs ;
- tarif d'usage projeté : 15 francs.

***

BOISSONS

N°s 171 et 171 bis de la nomenclature. — Vins, moûts de vendange, vins de liqueur, mistelles, vins mutés à l'alcool.

En 1923, la Chambre de Commerce d'Alger s'était ralliée à la proposition de loi n° 5419, déposée le 24 janvier 1923 sur le Bureau de la Chambre des Députés par M. Edouard Barthe et plusieurs de ses collègues, dont l'unanimité de la représentation algérienne.

Depuis, un fait nouveau est survenu : cette proposition étant devenue caduque du fait du changement de législature, un nouveau texte a été déposé par M. E. Barthe, en janvier 1925, rapporté avec quelques modifications par M. Bailhac, au nom de la Commission des Douanes de la Chambre et voté par cette dernière dans sa séance du 16 juin dernier.

Cette proposition se trouve actuellement soumise au Sénat.

D'un caractère plus modéré que la précédente, elle donne cependant un minimum de satisfaction à la viticulture, et tend à taxer comme suit les vins ordinaires, les moûts de vendange, les mistelles et les vins de liqueur :

Tarif minimum (en francs papier)

Vins ordinaires en fûts de 12° ou moins : 20 francs (1) l'hectolitre (coefficient 2, 1).

Vins ordinaires en fûts au-dessus de 12° : (même droit pour les 12 premiers degrés et paiement en sus d'une

(1) Toutefois nous demandons que la tarification ci-dessus soit exprimée en francs or dont le chiffre sera fixé de façon à égaler cette protection.

taxe de douane égale au montant du droit de consommation de l'alcool, par degré ou fraction de degré en sus).

Moûts de vendange, vins de liqueur, mistelles et vins mutés à l'alcool : 35 francs (1) l'hectolitre de liquide (coefficient 2, 1) jusqu'à 12°1 et paiement en sus, par chaque degré ou fraction de degré :

1° pour l'alcool acquis d'une taxe de douane égale au montant du droit de consommation de l'alcool (1) ;

2° d'une taxe de 4 francs (1) par degré et par hecto sur l'alcool représenté par le sucre réducteur reconnu à l'analyse.

En acceptant cette proposition transactionnelle, notre Compagnie croit devoir faire remarquer que la viticulture algérienne, dont les frais de production ont atteint, en 1924, 66 francs à l'hectolitre, se trouvera encore en situation d'infériorité, comparativement à la viticulture métropolitaine, par suite des prix de fret très élevés et des impôts plus lourds qu'elle supporte.

Tableaux statistiques de 1923

Importations

Désignation des marchandises	Unités	Pays de provenance	Importations en France	Importations en Algérie	Totaux
Vins ordinaires en futailles	Hectolitre	Italie	58.348	»	58.348
		Grèce	188.644	»	188.644
		Espagne	1.612.636	60	1.612.696
		Portugal	439.756	»	439.756
		Autres pays étrangers	3.215	»	3.215
		Totaux	2 302.599	60	2.302.659
Vins de liqueurs en futailles	Hectolitre	Italie	729	5	734
		Grèce	5.482	»	5.482
		Turquie	6.126	»	6.126
		Espagne	17.050	27	17.077
		Portugal	81.425	30	81.455
		Autres pays étrangers	28	»	28
		Totaux	110.840	62	110.902

(1) Voir renvoi 1, page 33.

Exportations

Désignation des marchandises	Unités	Pays de destination	Exportations de France	Exportations d'Algérie	Totaux
Vins ordinaires en futailles	Hectolitre	Norvège	»	238	238
		Danemark	2.501	2.093	4.594
		Grande-Bretagne	22.988	440	23.428
		Allemagne	245.360	»	245.360
		Pays-Bas	4.947	2.322	7.269
		Union Economique Belgo-Luxembourgeoise	110.290	168.009	278.299
		Suisse	134.637	413	135.050
		Italie	404	»	404
		Turquie	1.721	26.507	28.328
		Espagne	897	»	897
		Egypte	2.910	39	2.949
		Possessions anglaises en Afrique	1.719	169	1.888
		Tripolitaine	»	1.503	1.503
		Côte Occidentale d'Afrique	»	36	36
		Indes anglaises	»	188	188
		Chine	2.051	89	2.140
		Japon	1.436	215	1.651
		Australie	»	14	14
		Autres îles de l'Océanie	»	110	110
		Mexique	»	9	9
		Autres pays étrangers	9.302	31	9.333
		Totaux	541.163	202.525	743.688
Vins de liqueur en futailles	Hectolitre	Norvège	171	»	»
		Danemark	212	»	»
		Irlande	70	»	»
		Grande-Bretagne	3.168	»	»
		Allemagne	1.101	»	»
		Pays-Bas	204	»	»
		Union Economique Belgo-Luxembourgeoise	20.762	»	»
		Suisse	441	»	»
		Possessions anglaises en Afrique	596	»	»
		Indes anglaises	63	»	»
		Indes hollandaises	43	»	»
		Mexique	80	»	»
		Autres pays étrangess	738	»	»
		Total	27.649	»	»

⁂

COMBUSTIBLES MINÉRAUX

N° 190 de la nomenclature. — Houille crue ou carbonisée

Tarif actuel : 0 fr. 12 le quintal.

Cette matière première est d'une absolue nécessité pour l'Algérie. Si, comme elle en exprime le désir, le payement des droits de douane s'effectue désormais en or, la Chambre de Commerce d'Alger demande que le droit actuel qui frappe cette marchandise soit abaissé dans une proportion telle que la charge qu'elle supporte ne soit pas plus élevée qu'en ce moment.

⁂

TISSUS

N° 873 de la nomenclature. — Tapis de laine pure à points noués ou enroulés, y compris les imitations

Tarif actuel

Désignation des marchandises	Unité de perception	Coeffi-cient	Tarif minimum
Tapis à points noués ou enroulés de toute origine y compris les imitations :			
Au-dessous de 351 rangées.	*le mètre carré*	*3*	22
Au-dessus de 350 rangées..	*le mètre carré*	*3*	52

Tarif demandé

Désignation proposée	Unité de perception	Coeffi-cient	Tarif minimum
Tapis à points noués ou enroulés de toute origine y compris les imitations :			
De 200 rangées et au-dessous.............	*le mètre carré*	*3*	22 (1)
De 201 rangées et au-dessus	*le mètre carré*	*4*	25 (1)

(1) Tarification à exprimer en francs or dont le chiffre serait fixé de manière à obtenir la protection proposée ci-dessous en francs papier avec coefficients, simplement en vue de la comparaison avec le tarif actuel.

La loi du 26 avril 1924, qui a institué le tarif actuellement en vigueur, constitue certes une augmentation de protection par rapport à la législation antérieure, mais cette protection est encore insuffisante dans certains cas, en raison des charges et des frais de fabrication beaucoup plus élevés en Algérie que dans les pays étrangers concurrents, en Grèce notamment. Ceci ressort des comparaisons ci-après :

Prix de la matière première en Grèce		Prix de la matière première en Algérie	
1 kilo de coton à 10 fr....	10 »	... à 20 50...	20 50
2 k^os 200 de laine à 11 fr.	24 20	... à 25 »...	55 »
	34 20		75 50

Différence en faveur de la Grèce au mètre carré : 41 fr. 30.

La façon est payée en Grèce aux ouvrières 0 fr. 20 les mille points et, en Algérie, 0 fr. 75, de sorte que si nous prenons comme exemple un tapis de qualité moyenne (les « Sivas » qui ont 250 rangées), on obtient les prix de revient suivants au mètre carré contenant 52.500 points :

Façon payée aux ouvrières grecques :

52,5 × 0,20 .... 10 50

Façon payée aux ouvrières algériennes :

52,5 × 0,75 .... 39 375

Différence de prix de façon en faveur de la Grèce : 28 875

Cette différence, ajoutée à celle du prix de revient de la matière première, représente : 41 fr. 30 + 28 fr. 875 = 70 fr. 175.

Pour des tapis plus fins, (les « Belouchistan » par exemple), ayant 500 rangées représentant 250.000 points au mètre carré, le prix de façon est de :

chez les Grecs .... 250 × 0,20 = 50 »
en Algérie .... 250 × 0,75 = 187 50

On ne peut songer à diminuer les salaires des ouvrières, en raison du coût élevé de la vie.

En outre des frais ci-dessus, il faut encore faire état des suivants :

Teinture de la laine : 2 fr. 50 par kilo, soit	5 50	le mètre carré
Atelier de dessin, établissement de la maquette	4 »	— —
Direction, surveillantes et manutentionnaires	3 »	— —
Transport d'Alger à Paris	1 »	— —

Les impôts sont, d'autre part, plus élevés qu'en Grèce.

Enfin, le Gouvernement grec pratique le « dumping ».

Ces considérations démontrent l'insuffisance de la protection actuelle pour les tapis au-dessus de 200 rangées.

A l'heure actuelle, la production métropolitaine, algérienne, marocaine et tunisienne est largement suffisante pour les besoins de la consommation du pays en tapis, article de luxe, et même les dépasse. En ce qui concerne l'Algérie, des efforts considérables ont été faits pour améliorer et mettre au point les procédés de fabrication, pour intensifier la production, pour doter enfin la Colonie d'une industrie qui lui soit propre, puisqu'elle trouve sur place les laines qui lui sont nécessaires et la main-d'œuvre parfaitement appropriée à ce travail par son tempérament et ses aptitudes.

La fabrication du tapis à points noués est, en effet, une des rares industries qui permette d'utiliser les facultés morales et intellectuelles ainsi que les aptitudes manuelles de la femme indigène ; elle assure du travail à plus de 3.000 d'entre elles et contribue ainsi, par l'apport de salaires rémunérateurs et identiques à ceux de l'élément européen, à améliorer les conditions d'existence de leurs familles. C'est l'assistance par le travail.

Les résultats obtenus au point de vue technique sont des plus encourageants. Ils ont attiré l'attention des grands magasins de nouveautés de Paris et des maisons de la capitale spécialisées dans le commerce des tapis et qui font des achats importants en Algérie.

On peut d'ailleurs se rendre compte de la qualité supérieure de la fabrication algérienne en examinant les beaux spécimens de tapis qui figurent actuellement au Pavillon de l'Algérie de l'Exposition internationale des Arts décoratifs.

En résumé, la Chambre de Commerce d'Alger préconise les modifications proposées au tableau 2 ci-dessus.

Tableaux statistiques de 1923

Importations

Désignation des marchandises	Unité	Pays de provenance	Importations en France	Importations en Algérie	Totaux
Tapis de laine pure ou mélangée à points noués ou enroulés de toute origine y compris les imitations	Mètre carré	Grande-Bretagne	38.100	»	38.100
		Union Economique Belgo-Luxembourgeoise..............	1.927	»	1.927
		Suisse	109	»	109
		Italie	55	»	55
		Grèce	1.655	»	1.655
		Turquie	20.273	»	20.273
		Espagne	8	5	13
		Egypte	116	»	116
		Syrie................	35	»	35
		Indes anglaises	56	»	56
		Chine	282	»	282
		Autres pays d'Asie ...	7.747	12	7.759
		Autres pays étrangers	104	»	104
		Totaux......	70.467	17	70.484

Exportations

Désignation des marchandises	Unité	Pays de destination	Exportations de France	Exportations d'Algérie	Totaux
Tapis de laine pure ou mélangée à points noués ou enroulés de toute origine y compris les imitations	Mètre carré	Grande-Bretagne......	201	690	891
		Allemagne............	53	»	53
		Pays-Bas	591	60	651
		Union Economique Belgo-Luxembourgeoise...............	968	150	1.118
		Suisse...	131	»	131
		Italie.	22	»	22
		Grèce	1.338	»	1.338
		Turquie..............	115	»	115
		Espagne.............	418	»	418
		Malte et Gibraltar....	320	»	320
		Egypte..............	2.312	»	2.312
		Syrie................	865	»	865
		Indes anglaises.......	1 005	»	1.005
		Japon....	616	»	616
		Etats-Unis......... ..	162	90	252
		Maroc espagnol......	»	300	300
		Brésil.......	906	»	906
		République Argentine	96	»	96
		Autres pays étrangers	182	270	452
		Totaux......	10.301	1.560	11.861

TARIFS DOUANIERS ÉTRANGERS

Grèce : le quintal { Tapis d'Anatolie et leurs imitations : T. G. : 2.000 drachmes métalliques. — T. M. : 1.500 drachmes métalliques : Tapis de laine autres : T. G. : 450 drachmes métalliques. — T. M. : 300 drachmes métalliques.

Turquie : 11 % *ad valorem* (loi du 13 septembre 1921).

***

OUVRAGES EN MATIÈRES DIVERSES

N° 1259 de la nomenclature. — Liège mi-ouvré ou ouvré

A la tarification actuelle, la Chambre de Commerce d'Alger a l'honneur de proposer les modifications ci-après :

Numéros	Nature des marchandises (*Nomenclature proposée*)	*Droits proposés en francs or et par 100 kilos*	Nature des marchandises (Nomenclature actuelle)	Tarif minimum actuel en francs papier
	Liège ouvré. *Bouchons en liège naturel ou en liège aggloméré.* *d'une longueur inférieure à 35 m/m*	*45 francs or*	D'une longueur inférieure à 50 m m..	35 × 3 = 105
	d'une longueur de 35 à 45 m/m.	*60 francs —*	D'une longueur de 50 m/m et plus...	40 × 3 = 120
	d'une longueur de plus de 45 m/m	*80 francs —*		
632	*Rondelles en liège naturel ou en liège aggloméré pour boucher les bocaux, pour garnir le fond des capsules pour bouteilles*............	*117 francs —*	N° du tarif 632 régime des bouchons de moins de 50 m/m..............	35 × 3 = 105
633	*Planches ou plaques en liège naturel ou en liège aggloméré pour la fabrication des bouchons plats*........	*67 francs —*	N° du tarif 633. ...	35 × 3 = 105
633	*Liège demi-ouvré.* *Taillé en petits cubes ou carrés pour la fabrication des bouchons.* *d'une longueur inférieure à 45 m/m*	*35 francs —*	N° du tarif 633.....	35 × 3 = 105
	d'une longueur de 45 m/m et plus........ ..	*50 francs —*		

L'industrie bouchonnière algérienne, née après guerre, a dû former entièrement et sur place une main-d'œuvre inexistante puisqu'auparavant la presque totalité de nos lièges était expédiée partie à l'état brut et partie en planches.

En progrès constant, cette industrie s'est définitivement implantée en Algérie qui présente une superficie de peuplement de chênes-lièges de 460.000 hectares.

Toutefois, les hauts prix tenus par la Direction des Forêts dans les adjudications publiques de lièges, rendent la concurrence difficile avec les productions similaires de l'étranger, à leur entrée en France. L'Espagne et le Portugal notamment se procurent des lièges à bien meilleur marché que nous.

Les charges spéciales qui pèsent, en outre, sur cette industrie algérienne sont de deux ordres : a) cherté de main-d'œuvre plus grande qu'en Espagne et au Portugal ; b) fret presque prohibitif appliqué au transport en France des lièges de la Colonie, savoir 187 fr. 50 la tonne de bouchons d'Alger à Marseille ou Cette et 250 francs la tonne de bouchons d'Alger sur Nice ou Port-Vendres.

Les exportateurs portugais et espagnols peuvent facilement trouver du fret sur Rouen ou Bordeaux à un taux bien inférieur.

Tenant compte de ces considérations générales, nous examinons ci-après, en les justifiant, les nouveaux droits proposés au tableau ci-dessus pour chacun des articles indiqués :

1° *Bouchons.* — Les droits proposés représentent des augmentations sur ceux existant :

a) d'environ 30 % pour la catégorie des bouchons d'une longueur inférieure à 35 m/m ;

b) d'environ 50 % pour la catégorie de 35 à 45 m/m.

La nouvelle catégorie de bouchons de 45 m/m de longueur qui figure au tableau ci-dessus vise les bouchons utilisés pour les vins mousseux et de champagne.

Malgré les droits actuels, ces bouchons continuent à être importés d'Espagne en France, et, s'ils peuvent concurrencer notre industrie française, c'est que notre tarif douanier actuel, avec le coefficient 3, ne nous protège pas suffisamment. On n'a pas oublié que le coefficient 7 avait été demandé par la Fédération de France des Syndicats de l'Industrie du Liège qui le considérait comme l'extrême limite des concessions possibles.

D'autre part, une légende soigneusement entretenue par la concurrence espagnole, a fait aux lièges de la Catalogne la réputation d'être uniques et spéciaux pour la fabrication des bouchons de champagne.

S'il est nécessaire de dire ici que beaucoup de lièges français et algériens ne peuvent servir à fabriquer des bouchons de cette catégorie, on peut par contre affirmer qu'en sélectionnant certaines de nos provenances, on trouverait des lièges susceptibles de convenir parfaitement à cette fabrication. Les bouchonniers espagnols eux-mêmes, tenus de faire ces sélections, ne peuvent d'ailleurs prétendre que tous leurs lièges sont bons pour faire des bouchons de champagne.

On estime à 40.000.000 la consommation annuelle des bouchons de champagne, ce qui, en tablant sur un prix de 200 à 300 francs le mille, donnerait une valeur totale d'environ 10.000.000 de francs dont l'industrie française pourrait se réserver la plus grosse part, au plus grand profit de nos échanges et de nos sorties d'or.

Il convient de signaler, en outre, que, d'une façon générale, la qualité des lièges espagnols baisse d'année en année et qu'en conséquence la production des bons lièges épais et demi-épais employés pour la fabrication des bouchons de champagne devient de plus en plus insuffisante. On y a suppléé par des lièges collés de mêmes densité et homogénéité, avec lesquels on fabrique des bouchons de champagne qui ont d'ailleurs donné toute satisfaction aux producteurs champenois. Mais aujourd'hui ces bouchons collés sont à leur tour de plus en plus remplacés par des bouchons en liège aggloméré dont l'extrémité, en contact avec le liquide, est munie d'une ou plusieurs rondelles en liège naturel de très bonne qualité. Cette fabrication peut très bien se faire en France et nous avons en Algérie toutes les catégories de liège surfin et sans défauts qui se prêtent admirablement à la fabrication de ces rondelles en liège naturel.

Rondelles ou disques en liège naturel ou aggloméré. — Une rubrique s'appliquant tout particulièrement aux rondelles en liège naturel ou en liège aggloméré, a été créée. En imposant cet article à raison de 117 francs or, on encouragera les industriels français et algériens à le fabriquer, alors qu'aujourd'hui, il est presque entièrement importé d'Espagne ou du Portugal en ce qui concerne les rondelles en liège naturel, et d'Allemagne pour celles en liège aggloméré.

Ce droit de 117 francs or, qui, à première vue, peut paraître élevé, est inférieur, par comparaison, aux droits proposés sur les bouchons, comme le démontrent les chiffres ci-après : mille bouchons d'une longueur de 35 à 45 m/m pesant en moyenne 3 kilos et valant en moyenne quatorze francs payent : droits proposés 135 fr. (1) et 180 fr. (1)

$$\text{moyenne } \frac{157{,}50 \times 3 \text{ kilos}}{100} = 4 \text{ fr. } 75$$

$$\text{soit encore : } \frac{4{,}75 \times 100}{14} = 34 \; \% \textit{ ad valorem.}$$

Mille rondelles pesant environ 250 grammes et valant en moyenne quatre francs payeront :

$$\text{droit proposé } \frac{350 \, (1) \times 0{,}250 \text{ grammes}}{100} = 0 \text{ fr. } 875$$

$$\text{soit encore : } \frac{0{,}875 \times 100}{4} = 22 \; \% \textit{ ad valorem.}$$

Et ceci sans tenir compte de ce que, dans les prix de ces deux articles, la main-d'œuvre est un facteur beaucoup plus important pour les rondelles que pour les bouchons.

Carrés ou cubes en liège destinés à la fabrication du bouchon. — Ces carrés ou cubes qui représentent du liège

(1) En francs papier convertis en francs or dans le tableau.

demi-ouvré doivent payer moins que les bouchons. Ils sont divisés en deux catégories de longueur : celle au-dessous de 45 m/m à 35 francs or et celle de 45 m/m et au-dessus à 50 francs or.

En adoptant ces propositions, formulées dans la limite des droits strictement indispensables pour protéger une industrie algérienne naissante, les Pouvoirs publics contribueront à l'encourager dans la voie où elle est entrée pour le plus grand profit de la main-d'œuvre locale et la transformation en produits manufacturés des lièges de nos forêts. Par la plus value qui en résultera dans leur rendement, les forêts domaniales, qui produisent la plus grosse part de la matière première, y trouveront également une nouvelle source de revenus.

Tableaux statistiques de 1923

Importations

Désignation des marchandises		Unités	Pays de provenance	Importations en France	Importations en Algérie	Totaux
Liège ouvré	Bouchons	Quintal	Grande-Bretagne......	34	»	»
			Allemagne............	354	»	»
			Espagne..............	7.164	»	»
			Portugal.............	936	»	»
			Autres pays étrangers	76	»	»
			Total.........	8.564	»	»
	Autres ouvrages	Quintal	Allemagne............	241	»	241
			Union Economique Belgo Luxembourgeoise.	276	»	276
			Espagne..............	3.455	1	3.456
			Portugal.............	78	»	78
			Autres pays étrangers.	56	»	56
			Totaux.......	4.106	1	4 107

Exportations

Désignation des marchandises	Unités	Pays de destination	Exportations de France	Exportations d'Algérie	Totaux
Liège ouvré	Quintal	Grande-Bretagne	3.231	57	3.288
		Suède	»	289	289
		Allemagne	»	33	33
		Union Economique Belgo-Luxembourgeoise	2.567	20	2.587
		Suisse	1.305	»	1.305
		Italie	67	513	580
		Fiume	»	187	187
		Grèce	63	»	63
		Turquie	131	29	160
		Indes anglaises	836	40	876
		Egypte	171	»	171
		Chine	16	14	30
		Japon	18	1.915	1.933
		Etats-Unis	»	15	15
		Australie	12	»	12
		Brésil	55	»	55
		République Argentine	1.543	»	1.543
		Chili	53	»	53
		Autres pays étrangers	956	4	960
		Totaux	11.024	3.116	14.140

TARIFS DOUANIERS ÉTRANGERS

Allemagne : le quintal { Plaques, bandes et cubes de liège : T. G. 15 marks ; Ouvrages en liège : T. G. 60 marks.

Angleterre : franchise.

Argentine { bouchons : 25 % *ad valorem* sur la base de 1 peso le kilo ; cubes : 5 % *ad valorem* sur la base de 0,50 peso le kilo.

Belgique : le quintal { Rondelles T. G. 180 francs × 4. — T. M. 60 francs × 4.
planches et plaques, cubes carrés, disques et rondelles { T. G. 90 francs × 3 T. M. 30 francs × 3 (toutefois le coefficent ne joue pas pour les cubes aux deux tarifs).
bouchons de liège, y compris les petits cubes dont les arêtes ont été abattues ou arrondies : T. G. 120 francs × 4. — T. M. 40 francs × 4.

Espagne : le quintal { Petits cubes : T. G. 50 pesetas or. — T. M. 10 pesetas. Disques et bouchons : T. G. 60 pesetas or. — T. M. 20 pesetas.

Etats-Unis : la livre { Bouchons : le tarif varie de 0 dollar 10 à 0 dollar 25 suivant catégories ; Cubes ou quartiers : 0 dollar 08 ; Plaques, blocs et planches : 0 dollar 06.

Indes anglaises : 15 % *ad valorem.*

Italie : le quintal — liège en cubes dont les arêtes n'ont pas été arrondies ; 30 lires or aux deux tarifs. — liège ouvré : T. G. 40 lires or. T. M. 35 lires or.

Japon — Planches : 10 % *ad valorem* ; — Bouchons : entièrement en liège : 9,30 (yen) les 100 kin ; autres : 40 % *ad valorem.* — Lièges autres : 20 % *ad valorem.*

Portugal : le kilog : articles en liège : T. G. 0,20 escudo. — T. M. 0,10 escudo.

Suède : le kilog — Blocs, plaques, tubes, etc., agglutinés : T. G. 0,10 couronne. T. M. 0,05 couronne. — Bouchons : T. G. 0,35 couronne. T. M. 0,20 couronne.

Suisse : le quintal — Plaques ou cubes : tarif d'usage : 0 fr. 50. — Bouchons : tarif d'usage : 60 francs.

***

Nomenclature algérienne

ALLUMETTES CHIMIQUES ET BOIS PRÉPARÉS POUR ALLUMETTES, BOÎTES ET PARTIES DE BOÎTES, ASSEMBLÉES OU NON, DESTINÉES A RENFERMER DES ALLUMETTES

Valeur : 215 francs le quintal.

Droits actuels : 72 francs les 100 kilos.
(Pourcentage par rapport à la valeur : 33,48 %.)
Droits demandés : 50 francs or les 100 kilos.
(Pourcentage par rapport à la valeur : 93,02 %.)

N° du tarif algérien	Désignation des produits	Tarif minimum actuel en francs papier	*Tarif minimum demandé (francs or)*
		(les 100 kilos)	(les 100 kilos)
648	Allumettes chimiques y compris les bois préparés pour allumettes.....	72 francs	*50 francs or*
	Boîtes parties de boîtes assemblées ou non, destinées à renfermer des allumettes entièrement en bois commun	80 »	*50* »
	En bois commun et papier-carte ou carton ou en carton...............	96 »	*50* »
	Allumettes chimiques importées, dans des boîtes de l'espèce (contenant et contenu cumulés)...	»	*50* »

Il s'agit ici d'une question purement algérienne, puisque la Colonie jouit pour les allumettes de régimes douanier et intérieur différents de ceux de la Métropole.

La Chambre de Commerce d'Alger propose, tout en maintenant les positions tarifaires actuelles pour les cas d'importations séparées d'allumettes et de boîtes, l'inscription d'une rubrique spéciale pour les allumettes chimiques importées en boîtes (contenant et contenu cumulés).

Ce serait une simplification pour la vérification, une perte de temps et des frais évités. A remarquer, au surplus, que jusqu'à ce jour toutes les importations ont consisté en allumettes en boîtes.

Quant aux augmentations de droits proposées, les raisons qui militent en leur faveur sont résumées ci-après :

a) *Matières premières.* — Les principaux fabricants d'allumettes en bois se trouvent en Hollande, en Suède, en Pologne, en Belgique, en Italie, en Autriche, en Tchécoslovaquie, au Japon, etc...

Tous ces fabricants étrangers trouvent du bois sur place et à des prix plus bas que ceux que doivent payer en France les fabricants algériens. De plus, les fabricants étrangers ne font voyager que la marchandise fabriquée et, comme un mètre cube de bois en grume donne 50 % de déchet, il s'ensuit une grosse différence dans le prix de revient.

En effet un fabricant étranger achète sur place le bois

de peuplier frais, environ...	120	francs le	mètre cube
déchets 50 %...........	60	—	—
	180	—	—
Transport de la marchandise fabriquée à raison d'un 1/2 mètre cube pour un mètre cube (soit environ 500 kilos à 70 francs la tonne, par exemple d'Anvers à Alger).......	35	—	—
Total..........	215	—	—

de produits fabriqués.

Le fabricant algérien paie :

Le mètre cube de bois de peuplier de coupe fraîche	300 fr.
Transport d'un mètre cube de bois de peuplier de coupe fraîche(1.000 kilos) de Bordeaux à Alger (fabrique)...........................	80 »
A reporter..........	380 »

Report..........	380 »
Transport de la marchandise fabriquée d'Alger à Oran, par exemple, à raison de 1/2 mètre cube pour 1 mètre cube de bois frais, soit 500 kilos × 75 francs les 1.000 kilos..................	37 50
Total........	417 50

b) *Main-d'œuvre.* — En Algérie, la main-d'œuvre féminine est devenue très rare et fort onéreuse, de plus elle est loin d'être, au point de vue rendement, ce qu'elle était avant la guerre. Cette main-d'œuvre rend 25 % de moins que la main-d'œuvre étrangère, ce qui revient à dire qu'une ouvrière payée en Italie, par exemple, 8 fr. par jour, coûte 10 francs à Alger.

Il faut encore tenir compte de ce que, dans l'ensemble, les salaires payés à l'étranger sont moins élevés que ceux payés en Algérie.

Au Japon, les fabricants disposent d'un personnel donnant le maximum de rendement et se contentant de très faibles salaires ; aussi arrivent-ils facilement à concurrencer l'industrie française en Algérie.

En Italie, en Belgique, en Autriche, en Yougo-Slavie, les salaires sont inférieurs de 20 % à ceux payés en Algérie.

Voici un aperçu de salaires payés (à l'heure) :

	Algérie	Pays étrangers
Femmes ou jeunes filles.	1,10 à 1,20	0,90 à 1,00
Hommes de peine......	1,50 à 1,65	1,20 à 1,25
Ouvriers d'art	2,50 à 3,00	2,00 à 2,50

c) *Changes.* — La situation des changes gêne énormément les fabricants français établis en Algérie.

D'une part, les changes très élevés que l'on paie en Angleterre et en Amérique viennent augmenter sensiblement le prix de revient des matières premières qu'ils sont obligés d'acheter dans ces pays, *et que la France ne produit pas*, comme la paraffine, par exemple.

D'autre part, les Italiens, les Polonais, les Autrichiens, les Yougo-Slaves, etc..., qui ont des changes très bas, vendent en Algérie, *en francs français*, ce qui leur procure un avantage considérable et leur facilite la concurrence ; c'est donc là une situation très préjudiciable aux intérêts algériens.

En résumé, la concurrence étrangère a donc sur l'industrie algérienne des allumettes des avantages très importants :

1° Tous les fabricants d'allumettes étrangers trouvent du bois chez eux, tandis qu'il n'y en a pas en Algérie ;

2° Les bois se trouvant sur place, ils n'ont pas à transporter les déchets qu'ils procurent lors de la fabrication ;

3° Les salaires sont moins élevés à l'étranger qu'en Algérie ; la main-d'œuvre employée à l'étranger donne plus de rendement que celle employée en Algérie ;

4° La situation des changes porte préjudice aux fabricants algériens en ce qui concerne l'achat des matières premières que l'on ne trouve pas en France ; cette situation leur est également préjudiciable parce qu'elle favorise les fabricants des pays dont les devises sont dépréciées par rapport au franc français.

5° Les frets étrangers sont moins chers que les frets français ; ainsi, on trouve des frets d'Anvers à Alger, au taux de 50 francs la tonne, tandis qu'on paie 75 et même 80 francs la tonne d'Alger à Oran, ou de Bordeaux à Alger.

6° Les impôts payés par les fabricants d'allumettes étrangers sont beaucoup moindres que ceux payés par les fabricants algériens.

Conclusion : Pour les raisons ci-dessus, la Chambre de Commerce d'Alger propose l'application d'un droit uniforme de 50 francs or tant sur les allumettes que sur les boîtes.

Tableaux statistiques de 1923

Importations

Désignation des marchandises	Unité	Pays de destination	Importations de France	Importations d'Algérie	Totaux
Allumettes chimiques et bois pour allumettes	Quintal	Finlande	17.135	42	17.177
		Suède	5.852	853	6.705
		Norvège	1.552	19	1.571
		Lettonie	4.359	»	4.359
		Pologne	2.468	»	2.468
		Allemagne	232	»	232
		Pays-Bas	668	134	802
		Union Economique Belgo-Luxembourgeoise	8.455	284	8.739
		Suisse	2 897	»	2.897
		Tchéco-Slovaquie	3.414	215	3.629
		Italie	3.754	2	3.756
		Japon	»	43	43
		Danemark	»	569	569
		Autres pays étrangers	82	1	83
		Totaux	50.868	2.162	53.030

Exportations

Désignation des marchandises	Unité	Pays de destination	Exportations de France	Exportations d'Algérie	Totaux
Allumettes chimiques et bois pour allumettes	Quintal	Union Economique Belgo-Luxembourgeoise.	510	47	557
		Turquie	»	130	130
		Espagne	»	98	98
		Portugal	»	20	20
		Possessions Anglaises en Méditerranée	»	554	554
		Syrie	»	20	20
		Australie	»	35	35
		Cuba	»	107	107
		Maroc espagnol	»	872	872
		Autres pays	82	14	96
		Totaux	592	1.897	2.489

TARIFS DOUANIERS ÉTRANGERS

Allemagne : le quintal : T. G. 50 marks.
Angleterre : la grosse de 10.000 allumettes :
en boîtes de 80 allumettes ou moins :
T. G. : 5 shillings 2 ;
en boîtes de plus de 80 allumettes :
T. G. : 3 shillings 5.
Australie : la grosse de boîtes :
T. G. variant de 1 shilling 6 à 4 shillings suivant contenance des boîtes ;
Tarif intermédiaire variant de 1 shilling 3 à 3 shillings suivant contenance des boîtes ;
T. M. variant de 8 pence à 2 shillings 2 suivant contenance des boîtes.
Belgique : le quintal : T. G. 750 francs. — T. M. 250 francs.
Cuba : le kilo : 0,20 dollar:
Danemark : le kilo : 0,25 couronne.
Espagne : prohibées.
Finlande : le kilo : 1,20 mark finlandais.
Italie : le quintal : T. G. 10 lires or.
Japon : 40 % *ad valorem*.
Malte : 10 % *ad valorem*.
Norvège : le kilo : T. G. 0,60 couronne. — T. M. 0,15 couronne.
Pays-Bas : 5 % *ad valorem*.
Pologne : le quintal : 30 zlotis.
Suède : le kilo : 0,05 couronne.
Suisse : le quintal : tarif d'usage : 50 francs.
Tchécoslovaquie : le quintal : 17 couronnes × 10.
Turquie : 11 % *ad valorem*.

***

Articles compris dans l'étude faite en 1923 et non maintenus dans nos propositions aotuelle

ANIMAUX VIVANTS

Ns 4 de la nomenclature. — Bœufs, y compris les animaux du genre buffle

Valeur : 280 francs le quintal poids vif.

tarif minimum	Droits actuels : 20 francs les 100 kilos (poids vif). (Pourcentage par rapport à la valeur : 7,14 %.)

En 1923, nous avions demandé :

1° *pour les bœufs*, le maintien du droit actuel de 20 francs les 100 kilos de poids vif, mais exprimé en or.

Il résulte d'une nouvelle étude de la question que, d'une part, le cheptel bovin en France était, en 1924, inférieur de 762.750 têtes à celui de 1913, et que, d'autre part, l'importation en Algérie des bœufs étrangers a été nulle en 1923 (dernière année dont nous possédons les chiffres définitifs) et qu'en France elle n'a été que de 100 têtes — chiffre absolument insignifiant.

Enfin, personne n'a proposé un relèvement du droit des viandes abattues, ce qui semble indiquer que la concurrence faite par les bœufs vivants ou les viandes frigorifiées de bœufs importés de l'étranger n'est pas de nature à gêner l'écoulement de la production algérienne.

Dans ces conditions, il ne semble pas utile de maintenir notre proposition de 1923 en ce qui concerne les bœufs.

2° *pour les buffles*, l'admission en franchise de ces animaux en vue de permettre de poursuivre des essais d'acclimatation tentés à Bône.

Or, il résulte des nouveaux renseignements qui nous sont parvenus, que ces tentatives ont été abandonnées et que notre Colonie de Madagascar pourrait, le cas échéant, nous fournir tous les buffles dont nous aurions besoin.

Notre proposition de 1923 n'a plus dès lors sa raison d'être.

⁂

N° 9 de la nomenclature. — Béliers — Brebis et moutons

Valeur : 360 francs le quintal de poids vif.

Tarif minimum { Droits actuels : 25 francs les 100 kilos (poids vif).
(Pourcentage par rapport à la valeur : 6,94 %.)

En vue de protéger nos éleveurs contre la concurrence étrangère, nous avions demandé, dans notre étude de 1923, de porter le droit actuel de 25 francs papier à 30 francs or les 100 kilos poids vif.

De la nouvelle enquête à laquelle nous avons procédé, il résulte que le cheptel ovin en France présentait, en 1924, un déficit de 5.959.870 têtes par rapport aux chiffres de 1913, déficit qu'est loin de compenser l'exportation algérienne en France qui n'était, en 1923, que de 1.085.927 têtes.

Au surplus, pendant la même période, l'importation des moutons de l'étranger a été nulle en Algérie et ne s'est élevée en France qu'à 28.273 têtes.

La production algérienne n'est donc nullement gênée par l'importation étrangère qui ne se fait d'ailleurs qu'en hiver, alors que nos expéditions sur la Métropole, faites à la fin du printemps et en été, sont déjà terminées.

Enfin, comme pour la viande de bœuf abattue, aucune protection supplémentaire n'a été demandée par un relèvement des droits existant sur les moutons abattus importés de l'étranger en France.

Dans ces conditions, il n'y a pas lieu de maintenir notre proposition de 1923.

***

N°s 71, 72 et 73 de la nomenclature. — Seigle, maïs et sarrazin en grains

En 1923, nous avions proposé qu'au lieu du coefficient 2 actuellement appliqué au tarif de base, celui-ci soit calculé en francs or, ce qui équivalait au coefficient 3.

Un nouvel examen de la question nous a permis d'établir que, d'une part, l'Algérie ne consomme pas de seigle, qu'elle importe vingt fois plus de maïs qu'elle n'en exporte, qu'elle n'exporte pas de sarrazin et, d'autre part, que notre exportation en France de seigle et de maïs est insignifiante par rapport à l'importation étrangère.

Pour ces raisons, il n'y a pas lieu de maintenir notre proposition de 1923.

***

N° 84 de la nomenclature. — Bananes

Mêmes droits que pour les prunes.

La culture du bananier en Algérie n'est pas susceptible d'une grande extension.

La Colonie n'exporte pas de bananes en France, mais en importe, au contraire, pour les besoins de sa consommation locale.

Il n'y a donc pas lieu de demander de protection spéciale pour cet article et, par suite, nos propositions de 1923 tendant au paiement des droits en francs or sont retirées.

LA COMMISSION.

DÉLIBÉRATION

Lecture entendue de ce rapport, la Chambre l'adopte et le convertit en délibération.

www.ingramcontent.com/pod-product-compliance
Ingram Content Group UK Ltd.
Pitfield, Milton Keynes, MK11 3LW, UK
UKHW021513260726
13993UKWH00004B/1649

9 782329 178035